El Roble Centenario

Dick King-Smith

El Loco de Harry

Ilustraciones de Pedro E. Delgado

EDICIONES RIALP, S.A.
MADRID

1

La mayoría de la gente suele descender por una escalera bajando los escalones de uno en uno y, probablemente, agarrándose a la barandilla. Pero éste no era el caso de Harry Holdsworth, ¡no señor!

Largas horas de entrenamiento le habían convertido en todo un experto en métodos extraordinarios para ir desde el piso superior a la planta baja de su casa. Algunos de estos procedimientos eran más o menos sencillos: bajar por el pasamanos, rodar por los escalones o dar saltitos con los pies juntos. Era bastante más difícil bajar los escalones de dos en dos, y aún se podía complicar más si se hacía con las manos en los bolsillos o incluso, y esto sí que era ya una proeza, con las manos en los bolsillos y los ojos cerrados.

Harry sólo intentaba esta combinación cuando algo le decía que aquél iba a ser un día muy especial. Y aquella mañana parecía serlo.

Igual que un atleta olímpico, un saltador tal vez, siempre se concentraba balanceándose y respirando profundamente; después se ponía en tensión a la espera del momento oportuno en que se consideraba totalmente preparado para el intento.

Pues bien, así estaba Harry aquel día en lo alto de la escalera. Los pies muy juntos; las manos, sumergidas en las profundidades de sus bolsillos, y los ojos, muy abiertos, como si quisiera fotografiar los trece escalones que le esperaban. Harían falta siete saltos. Harry cerró los ojos.

Había bajado ya la mitad de la escalera, cuando de repente sucedió lo que presentía. Allí abajo oyó la voz de su madre, que salía de la cocina con la bandeja muy cargada:

—¡El desayuno!

Detrás de él escuchó a su padre:

—¡Quítate de en medio, Harry, que llego tarde!

Mientras daba el quinto salto, el cartero llamó al timbre. El perro empezó a ladrar, como siempre que sonaba el timbre; el gato subió corriendo por las escaleras, como siempre que el perro ladraba, y justo a tiempo para que el sexto salto de Harry terminara encima de su cola. El salto número siete llevó al chico a un choque directo con la bandeja del desayuno.

Después de que se apagaran los maullidos del gato y el estruendo de la vajilla al romperse, reinó un profundo silencio interrumpido sólo por los lametazos que el perro estaba dando a la mermelada.

Harry quedó tumbado en el suelo, sin aliento, y sus padres le miraron con resignación. Entonces, a través de la abertura del buzón de la puerta planeó un gran sobre que se posó como un pájaro sobre el pecho del chico. Era pesado y con aspecto de sobre oficial, y llevaba pegados muchos sellos americanos. La carta iba dirigida al señor HARRY HOLDSWORTH.

—Viene de América —dijo Harry cuando

por fin estuvieron todos sentados para desayunar—. Pero yo no conozco a nadie en América.

—Debe de ser del tío George —aclaró el señor Holdsworth con la boca llena.

—¿Quién?

—Es el hermano mayor de mi padre. Se

marchó allí cuando era joven y terminó como profesor de universidad. Ahora debe de tener unos noventa años, más o menos. Tendrás que contarme lo que dice la carta esta tarde, Harry. Ahora debo marcharme, voy a llegar tarde al trabajo.

Se bebió su café de un trago y se fue.

Harry abrió el sobre con el cuchillo de la mantequilla y sacó un fajo de papeles. En la primera hoja aparecía escrito: VOLUNTAD HOLDSWORTH.

—Es curioso, creí que papá había dicho que su nombre era George.

—Y así se llama —respondió su madre—, déjame verlo —y alargó la mano para coger los papeles—. Mejor dicho, se llamaba. Esto es una copia de su testamento, su última voluntad.

Examinó por encima y con cierta precipitación el encabezamiento de la carta, y vio que procedía de una firma de abogados de Nueva York, después miró su reloj.

—Aquí hay una cláusula que se refiere a ti —dijo la señora Holdsworth—, pero ahora no tenemos tiempo de leerla, debes irte al colegio. La examinaremos despacio esta tarde, cuando venga papá y vea qué es todo esto. Supongo que te habrá dejado algún pequeño recuerdo.

Durante todo aquel día, en el colegio, la imaginación de Harry, siempre fértil, voló a sus anchas.

«Algún pequeño recuerdo, ya, ya, lo cierto es que mi viejo e importante tío americano me ha legado algo —pensó Harry—. Bueno, para empezar, todos los americanos son ricos, eso lo sabe cualquiera, y como llegó a los noventa años, habrá tenido mucho tiempo para ahorrar dinero, muchísimo dinero, miles y miles de libras, bueno, quiero decir de dólares. Debe de ser millonario, multimillonario, supongo. Seguro que tiene tres o cuatro casas con piscina, un rancho, un yate y su propio avión particular. A lo mejor me ha dejado eso. Bueno, creo que no tardaría mucho tiempo en aprender a pilotarlo.»

Extendió los brazos y empezó a imitar con su voz el ruido de un avión. Estaba esperando que la torre de control le diera la orden de despegar, por eso se sorprendió mucho al oír su nombre pronunciado con un tono de enfado:

—¡Harry! —dijo su profesor—, ¿qué se supone que estás haciendo?

—Estaba... ejem..., estaba estirando los brazos.

—Pues podrías estirar tu cerebro para variar, muchachito soñador. Quiero que termines esas sumas antes del recreo.

Sus compañeros de clase cuchicheaban y se reían a su alrededor, y uno de ellos comentó:

—Mira al loco de Harry.

El chico se encogió sobre su pupitre y simuló agarrarse al timón del barco del tío abuelo George, que ahora iba a ser suyo. Imaginó que cruzaba la meta sobre una estela de olas, mientras la multitud le vitoreaba.

«¡Sumas! —se dijo—, las únicas sumas de las que tendré que ocuparme a partir de ahora serán las del dinero que me ha legado el tío abuelo.»

Al salir de clase, Harry estaba ya totalmente convencido de que su inmensamente rico pariente, por un capricho del destino, le había dejado todo cuanto poseía. El muchacho no era avaricioso por naturaleza, pero sí muy fantasioso, y ahora ya iba mucho más allá de las tres grandes casas, el barco y el avión particular. Pensaba que también iba a recibir el Cadillac construido a medida más grande del mundo, y un par de Rolls para utilizar de vez en cuando. Y por supuesto, en el legado no abundarían sólo los aburridos billetes de dólar, sino que habría también, casi con toda seguridad, un arca del tesoro llena de diamantes, rubíes, esmeraldas y cascadas de monedas de oro y plata.

De vuelta a casa, se paró delante de la confitería y miró a través del escaparate.

«Podré comprar todo lo que hay dentro de esta tienda sin ni siquiera darme cuenta de lo que vale», pensó Harry.

Metió la mano en el bolsillo. Tenía sólo una moneda de dos peniques y dos de uno.

—Bueno, mañana podré hacerlo —dijo.

Al llegar a su casa leyó de nuevo su carta de América, pero el lenguaje del testamento estaba tan lleno de expresiones como "por cuanto", "antedicho", "a los presentes", y "hasta el presente", que decidió dejarlo hasta que su padre volviera del trabajo. Mientras le esperaba, se dedicó a añadir al garaje de su tío una Harley Davison de mil centímetros cúbicos, un modelo antiguo que utilizaría cuando era joven. Después hizo un circuito ruidoso por todas las habitaciones de la casa.

—Harry —dijo su madre mientras el chico corría por el pasillo que separaba la cocina del salón—, ¿podrías hacer eso en tu habitación, por favor?

Habló con aquella paciencia infinita, adquirida tras diez años de ser la madre de Harry.

—Broom, broom —gritó el chico, simulando acelerar a tope para conseguir que la Harley subiera por las escaleras.

«No te preocupes, mamá —pensó—, pronto te compraré una casa más grande y dejaré uno de los Rolls a papá.»

Cuando por fin oyó el sonido del viejo Ford de su padre, bajó las escaleras por el procedimiento más rápido (el pasamanos), sin poder aguantar un momento más.

—¡Papá, el tío abuelo George ha muerto!, fíjate, esa carta era su testamento. Pero yo no entiendo lo que pone, ¿puedes explicármelo? ¡Mamá, papá va a leer la carta!

El señor Holdsworth se sentó y puso los papeles sobre la mesa. Leyó en silenció durante unos minutos y luego comenzó a emitir risas ahogadas.

—¿Qué te pasa? —le preguntó su esposa—, ¿le ha legado algo a Harry?

—Sí —respondió.

—¿Su fortuna? —preguntó Harry.

—¿Su fortuna?, mala suerte, Harry. El tío George no tenía mucho dinero y lo ha legado a la biblioteca de su universidad. Pero me parece que a ti te ha dejado su más preciada posesión.

—¿Y qué es? —preguntó el chico.

—Su loro, Harry.

2

«A mi sobrino nieto, Harry Holdsworth, a quien nunca he tenido el placer de conocer, le dejo mi fiel compañero de estos últimos cuarenta años, el loro gris africano que reponde al nombre de Madison.

»Lego al susodicho Harry Holdsworth esta posesión porque tiene la suerte de ser mi único pariente varón de la edad que considero apropiada, teniendo en cuenta que Madison puede llegar a vivir el doble de su actual edad, y, lo mismo que yo, no está acostumbrado a la compañía de las mujeres.»

Esto decía la primera parte de la cláusula quince de lo que era, por los demás puntos, un testamento completamente tradicional.

El profesor George Holdsworth había firmado al final para refrendar su última voluntad.

En la segunda parte de la cláusula se detallaban las medidas que el tío abuelo, antes de morir, había dispuesto para que Harry no tuviera que desembolsar nada de dinero por culpa del legado.

—Ya está pagado el pasaje de avión —dijo el señor Holdsworth— y además te deja dinero para comprar una jaula y para pagar la comida del animal durante un año, según sus cálculos. Después tendrás que ocuparte tú del loro.

—¡Cuarenta años! —gritó Harry con espanto—, ¿quieres decir que tengo que quedarme con ese pájaro y que puede vivir hasta que yo tenga cincuenta?

—A lo mejor se muere antes, querido —dijo su madre, intentando tranquilizarle.

—Nunca se sabe —terció su padre—, a lo mejor te gusta, y puede que hable. El tío George fue bastante brillante en sus tiempos. Estudiaba Lingüística.

—¿Lingüística? ¿Qué es eso?

—Es el estudio del lenguaje, de todo lo que tiene que ver con las palabras. Seguramente el loro aprendió algo.

—Podría llevarlo al colegio sobre mi hombro —comentó Harry, alegrándose un poco con esa idea—, como aquel hombre de *La isla del tesoro*.

Empezó a pasear por la habitación con una pierna tiesa y mirando de reojo, mientras gritaba:

—¡Ar, Jim, chaval, ar!

—Tú no te lo vas a llevar a ningún sitio —le frenó su madre—. Este fin de semana irás con papá a comprar una jaula porque no quiero que el bicho haga porquerías en casa.

—Puede que esté amaestrado —le respondió Harry con tono esperanzado.

—No seas bobo, Harry, los pájaros no pueden...

—¿Qué quieres decir?

—Bueno... es que los pájaros tienen que...

—Tu madre quiere decir que ellos tienen que hacerlo cuando les apetezca —explicó por fin su padre—. De todas formas, vamos a esperar a ver cómo es ese... ¿cómo se llama? —y volvió a mirar el testamento—, Madison, eso es. Vamos a aguardar a conocerlo. Seguramente llegará dentro de poco.

Y así fue. Llegó dos semanas más tarde, en una mañana de sábado.

Desde Nueva York les habían comunicado la hora de llegada del loro a Londres, y allí estaba toda la familia Holdsworth, esperándolo con sentimientos contradictorios.

Los padres pensaban que sería una enorme molestia. ¿Por qué el tío George no habría legado al pájaro a un zoo, o algo así? Pero, por otro lado, el asunto no sería tan malo del todo si conseguían que Harry se ilusionara, aunque fuera sólo un poco. Pero, hasta el momento, el chico parecía deprimido, y lo estaba de verdad mientras esperaba el sonido del timbre que anunciaría la llegada de la furgoneta en la que iba su compañero de los próximos cuarenta años.

Había sido bastante divertido comprarle la jaula. No faltaba dinero para eso, y papá y él habían comprado una enorme que se colgaba por un muelle desde un brazo muy alto.

Pero ahora, cuanto más miraba esa jaula,

con sus recipientes para semillas y agua, su suelo cubierto de arena y su puerta abierta a la espera del inquilino, más se preocupaba y peor se sentía.

«Imagino que me morderá —pensó—, y probablemente olerá muy mal. Seguro que ni siquiera habla, sólo gritará y dirá tonterías como "Hola" y "Pajarito bonito", y seguirá diciéndolo hasta que me haga viejo. ¡Jolín, a mí no me gustan los pájaros y menos éste!»

Sonó el timbre.

Al mirar por la mirilla de la jaula de viaje, que ahora estaba en el salón, vieron una sombra. No se oía nada más que el sonido de sus garras al arañar el suelo de la caja.

—¡Está vivo! —exclamó Harry con cierta desilusión.

—Vamos a sacarlo al pobre de ahí —dijo su padre—, ha viajado durante muchas horas. Venga, Harry, abre la tapa.

—Puede que se escape.

—No, hombre, no. Ten en cuenta que acaba de recorrer tres mil millas; estará bastante cansado. Vamos, ábrela.

Harry levantó la trampilla con miedo y retiró la mano a toda velocidad, como si dentro de la caja en vez de un loro hubiera una serpiente venenosa.

Durante unos momentos no pasó nada, luego, en silencio y con gran lentitud, salió de la caja una cabeza redonda y gris, con un pico afilado y ganchudo. A cada lado de la cabeza había un ojo brillante e inteligente, del color de la paja.

Uno de estos ojos observaba a Harry con toda atención y se fijaba en su cuerpo pequeño y delgado, su cabellera pelirroja y sus orejas de soplillo. Luego, el animal usó su pico como palanca y se agarró al borde de la caja para salir de ella. Cruzó la mesa con el balanceo de un marino y se dirigió hacia Harry, que se alejó un poco sorprendido.

—Parece que te conoce —dijo su madre.

—No temas —le animó su padre—, no quiere hacerte daño.

—¿Cómo lo sabes?

—Acércale tu mano e intenta que se pose en ella.

—¿Por qué no le acercas la tuya, papá?

—No, Harry, es tu loro.

—Háblale —sugirió su madre—, dile su nombre.

Harry miró al pájaro, que ahora se había detenido al borde de la mesa y estaba observando al chico con la cabeza ladeada.

—Hola, Madison —dijo Harry con nerviosismo.

Con gran cuidado, el loro se subió sobre

el brazo del muchacho y ascendió lentamente hasta llegar a su hombro; a continuación le mordisqueó con suavidad el lóbulo de la oreja.

Harry abrió los ojos, y una sonrisa enorme iluminó su cara.

—Le gustas —dijo su madre.

—Es muy majo —afirmó su padre.

—¡Hola, Madison! —exclamó Harry, ahora ya con un tono mucho más confiado.

El loro no dijo nada.

—Problablemente hablará cuando haya picoteado algo —dijo el señor Holdsworth—, ponlo en la jaula, hijo, seguro que tiene hambre.

En cuanto Harry se acercó a la jaula y se puso al lado de su puerta abierta, el pájaro bajó de su hombro y se introdujo en su nuevo hogar. Bebió mucho y después se puso a comer con avidez, cascando pipas con su poderoso pico, mientras miraba a sus nuevos dueños con uno de sus pálidos e inteligentes ojos.

Pero a pesar de los esfuerzos de la familia para intentar que Madison hablara, el loro no dijo nada.

—¡Qué pena! —se lamentó el señor Holdsworth—, imaginaba que el tío George le habría enseñado a decir algo en todos los años que le tuvo con él.

—Bueno, tal vez es uno de esos loros que no hablan —dijo su esposa.

—Sí, supongo que es así, que debe tratarse de un animal mudo. Bien, Harry, ya es hora de que te vayas a la cama. Que duermas bien, hijo.

—Buenas noches, cariño —le despidió su madre.

Estaba ya a medio camino en la escalera cuando oyó una voz que le decía:

—Buenas noches, Harry.

—Buenas noches, papá —respondió, pero le pareció que aquella voz era diferente de la de su padre, más metálica y nasal, quizá.

Bajó la escalera y volvió al salón, pero estaba vacío porque sus padres ya se habían ido a dormir. Sólo el loro permanecía en su percha.

—Madison, ¿has dicho algo?

3

«Imagino que era la voz de papá.» Éste fue el último pensamiento de Harry antes de sumirse en un sueño plagado de loros que le hablaban en un idioma que no entendía, y a los que no podía contestar.

El sueño se convirtió en una pesadilla en la cual él se volvía tan pequeño como una pipa y sabía que de un momento a otro uno de aquellos loros iba a cogerle con su pico y a cascarle.

Harry se despertó de golpe y miró sobresaltado la esfera del reloj. Eran las cinco y media. Fuera, comenzada a nacer un nuevo día.

El chico se quedó quieto durante algunos minutos, disfrutando con el alivio de haber escapado de los loros de la pesadilla y pensando en el auténtico, que descansaba escaleras abajo.

«De acuerdo —pensó—, parece que el tío abuelo George no le ha enseñado nada a Madison, pero eso no quiere decir que yo no pueda hacerlo. Después de todo, se trata de animales imitativos, sólo repiten lo que se les dice, no son criaturas inteligentes. Todo lo que hay que hacer es repetir una y otra vez la misma palabra, y más tarde o más temprano ellos la captan. Creo que unas cien veces serían suficientes. Y después de que aprenden la primera, se les puede enseñar más. Voy a empezar ahora mismo. Es domingo, mis padres tardarán en levantarse, así que es un buen momento. ¿Por dónde empiezo?... ¡Ya sé!, le enseñaré a decir su nombre, pero no basta que aprenda a decir "Madison", eso sería como si yo fuera por ahí diciendo "Harry". ¡Ya está!, le enseñaré a decir "mi nombre es Madison".»

Harry saltó de la cama, se puso el albornoz, abrió la puerta y bajó las escaleras en silencio. Cerró la puerta del salón tras de sí y se acercó a la jaula del loro, que estaba a la misma altura que su cabeza. Puso cara de oficial de la Gestapo y dijo entre dientes:

—Nosotrrros tenemos muchas manerrras de hacerrrte hablarr.

El loro no dijo nada.

Harry respiró profundamente.

«Cien veces —dijo—, tengo que repetírselo cien veces.»

Se acercó a los barrotes de la jaula hasta casi tocarlos con su boca y situó ésta dónde pensó que debía estar el oído del animal, mientras decía muy despacio:

—Mi... nom... bre... es... Ma... di... son.

El pájaro se rascó un lado de su cara, limpia de plumas, con una de sus patas.

—Si tú lo dices, amigo, será verdad. Pero se trataría de una notable coincidencia, porque yo también me llamo Madison.

La boca de Harry se abrió hasta no dar más de sí, y el muchacho sintió una mezcla de vergüenza, asombro y fuerte emoción.

—¿Qué ocurre? —dijo Madison con amabilidad—, ¿te ha comido la lengua el gato?

—¡Sabes hablar! —comentó Harry en un ronco susurro.

—Ahá.

—¡Y como Dios manda!

—¡Claro!, tal vez de una manera un poco diferente a como hablas tú, dado que yo me crié en América, pero sí que sé hablar.

—Pero yo creía que los loros sólo podían decir unas cuantas palabras.

—Depende de lo que se les haya enseñado. Yo he pasado toda mi vida con un profesor de Lingüística. Ahora está muerto, pero fue un gran hombre.

—¡El tío abuelo George!

—¿George Holdsworth era tu tío abuelo?, ¿eres un Holdsworth?

—Sí, me encargó que cuidase de ti en su testamento.

Madison se rascó el otro lado de la cara.

—¡Ah!, entonces eso lo explica todo —dijo—, me metieron en esa caja, me llevaron al aeropuerto, y lo primero que he sabido después es que estaba en Heathrow. Madison Holdsworth —pensé—, vas derecho al zoo de Londres. Pero en vez de eso resulta que estoy aquí, con la familia. ¡Chico, qué alegría!

Miró hacia el techo y añadió:

—Gracias, George.

—¿Por qué te llamó Madison el tío abuelo? —preguntó Harry.

—James Madison, cuarto presidente de los Estados Unidos, desde 1809 a 1817, posterior a Thomas Jefferson y anterior a James Monroe.

—¡Oh! —exclamó Harry—, y ¿por qué te llamó como el cuarto presidente?

—Muy sencillo, yo fui su cuarto loro. Washington se murió mientras dormía, Adams contrajo una pulmonía y Jefferson se peleó con el gato.

Harry abrió la puerta de la jaula y el pájaro salió y subió por la mano y el brazo hasta el hombro.

—Así que fuiste tú el que me dio las buenas noches ayer.

—Bueno, sí, se me escapó y entonces pensé: bien, dejaremos pasar la noche, a ver qué nos trae la mañana. Pero ahora, cuando has empezado con eso de "Mi... nom... bre... es..." no he podido mantener el pico cerrado por más tiempo.

—¿Y cómo has sabido que me llamaba Harry?

—Porque oí a tus padres llamarte así.

—¡Oh, claro!, aún no me he acostumbrado a la idea de que tú entiendas todo lo que se dice. ¿Qué más sabes hacer, Madison?

—Bueno... sé leer y... veamos... puedo tocar al piano "El río Swanne", "Oh, Susana" y cosas así.

—¿Con tus patas?

—No, con el pico. ¡Ah!, también sé hablar por teléfono. Pero lo que no puedo hacer es escribir, porque jamás he podido sujetar bien el lápiz o el bolígrafo.

—¡Vaya! —exclamó Harry—, cuando lo diga en el colegio...

Sintió que las garras del loro se aferraban con más fuerza a su hombro.

—Mira Harry, algo me dice que nos vamos a llevar muy bien, pero creo que hay una cosa que debemos aclarar ahora mismo: eso de que yo soy un loro algo diferente a los demás, guárdatelo para ti. Así lo hizo George durante todos estos años; no se lo dijo a nadie. Supuso que si llegaba a saberse, tendríamos a todos los reporteros y periodistas de los Estados Unidos detrás de nosotros. Y eso por no hablar de los científicos que querrían experimentar conmigo, o de todos los dueños de circos que pretenderían robarme. Así que ése era nuestro secreto. ¿Qué te parece si fuera también el nuestro?

—Bueno... —vaciló Harry.

—¿Por qué dudas? —le preguntó el loro.

—Es que... el tío abuelo y tú viviais solos.

—¿Y bien?

—Pues verás, es que aquí también viven mamá y papá.

—¡Ah, bueno!, a ellos también se lo contaremos. Me imagino que saben guardar un secreto, ¿no?

—Desde luego —afirmó Harry mientras sonreía.

Y sin pensar en lo que hacía, acercó una mano y acarició la cabeza redonda y gris con la punta de los dedos.

—Pero no se lo diremos todavía. Vamos a gastarles una broma, ¿vale?

—Vale, Harry, como quieras.

La sonrisa del chico se ensanchó.

—Gracias, Madison.

—Y por cierto, George siempre me llamaba Loco, tú puedes hacer lo mismo.

—Muchas gracias, Loco; debes de echarle mucho de menos. Espero que te guste vivir aquí.

—Claro que sí —respondió el loro mientras mordisqueaba cariñosamente la oreja de Harry.

—¿Estás seguro?

—Desde luego —dijo el Loco de Harry.

4

Los domingos por la mañana, la vida en casa de los Holdsworth seguía un ritmo establecido e invariable. Para desayunar siempre había huevos pasados por agua. Después le tocaba a Harry recoger la mesa y fregar mientras sus padres se iban al salón; su madre para leer un libro, y su padre para hacer el crucigrama del periódico. A Harry sólo se le permitía interrumpir el silencio de lo que su madre llamaba "mi mañana libre" para llevarles café. Aparte de eso, se esperaba que él dejara a sus padres en paz y se entretuviera solo.

Normalmente a Harry no le costaba nada

entretenerse, pero a veces, sobre todo los domingos por la mañana, pensaba en lo mucho que le gustaría tener un amigo con el que jugar y charlar.

«Ahora tengo uno», pensó mientras terminaba de fregar.

Hizo el café y llevó las tazas al salón. En el sofá, su madre leía su libro, y su padre estaba en su butaca preferida, concentrado en su crucigrama mientras golpeaba el lápiz con los dientes. Madison permanecía en silencio dentro de su jaula.

—Gracias —dijo la señora Holdsworth—, ¿has terminado de fregar, cariño?

—Sí, mamá.

—Gracias —susurró el señor Holdsworth—, ¿sabes hacer crucigramas, Harry?

—No.

Madison emitió un graznido.

—Espero que este pájaro no esté todo el día haciendo ruido, o no podré concentrarme en mi crucigrama —dijo el padre de Harry.

—Me lo subo a mi cuarto, ¿vale?

—Buena idea.

La señora Holdsworth pareció preocupaba.

—Pero a lo mejor se hace...

—Que no, mamá.

Madison hizo un ligero ruido de mala educación.

Harry intentó controlarse para no comenzar a reír a carcajadas, luego abrió la jaula y, con el loro sobre su hombro, salió corriendo.

Durante lo que quedaba de aquella mañana y todos los ratos libres de los días siguientes, que fueron muchos, porque estaban en vacaciones de mitad de curso, Harry y Madison hablaron y hablaron refugiados en la habitación de Harry o en cualquier otro lugar donde pensaban que nadie podía oírlos. Cuarenta años en compañía del profesor Holdsworth habían convertido a Madison en todo un maestro en el arte de la conversación.

Harry aprendió mucho sobre béisbol y fútbol americano, y sobre la vida en Massachusetts y también un poquito sobre Madison. El loro aprendió cosas interesantes del cricket, del fútbol europeo y de la vida en Greenwich, Inglaterra... y mucho sobre Harry.

¡Había tantas cosas que preguntar! Una de las primeras que quiso saber Madison fue la edad de Harry.

—¿Cuántos años tienes?

—Diez.

—¿Diez?, ¡qué bien!, ¡qué maravilla!

—¿Por qué?

—Bueno, debes tener en cuenta que tu tío abuelo George tenía más de cincuenta cuando yo salí del huevo. Así que he pasado toda mi vida con un ancianito. No me malinterpretes, Harry; George era un tipo estupendo, y jamás le olvidaré, pero al final de su vida se volvió un poco lento. Lo voy a pasar muy bien con alguien de tu edad. Por cierto, ¿por qué no estás en el colegio?, ¿tienes vacaciones?

—Nos dan una semana libre a mitad de curso.

—Veo que aún tengo muchas cosas que aprender —dijo Madison, alzando los ojos con resignación—. ¿Y qué estudias?

—Estoy en Básica.

—¿Básica?, ya, ya... ¿Y te gusta?

—Bueno, no está mal.

—Yo tuve suerte, nací con el don de aprender por imitación.

—¿Qué?

—Sí, como los loros —dijo Madison con seriedad.

—¡Oh, qué gracioso eres!

—Y, claro, tuve el mejor profesor posible, un catedrático jubilado de Lingüística Aplicada. No son muchos los loros que podrían decir esto.

—No sin practicar mucho —afirmó Harry con seriedad.

—¡Vaya, Harry!, tú también resultas muy divertido.

Además de conversar, también jugaban.

—¿Qué tipo de juegos te gustan, Loco? —preguntó Harry.

—¿Qué quieres decir?, ¿preguntas si me gusta el fútbol? No tengo el físico apropiado.

—No, no, hablo de juegos a los que podamos jugar los dos, como, por ejemplo, las cartas.

—Bueno, las cartas son muy difíciles. El problema es que mis patas no se diseñaron para sujetar un naipe, como tampoco pueden agarrar lápices. Y olvídate de barajar o repartir. No, lo que a mí me gustan son los juegos de mesa, ¿sabes?, porque puedo manejar las fichas con mi pico. A esos jugábamos a menudo George y yo.

—¿Como el dominó?

—Sí.

—¿Y las damas?

—¿Las damas? ¿Qué es eso?

Harry sacó una caja de fichas y un tablero del armario donde guardaba todos sus juguetes.

—Éstas son.

—¡Oh, las fichas!, así es como lo llamamos allí. Claro que jugábamos a eso.

—Pero imagino que al ajedrez no sabrás jugar, ¿verdad?

Madison ladeó la cabeza y miró sorprendido al chico.

—¿Cómo que no?

—Bueno —dijo Harry—, es una auténtica locura imaginar a un loro jugando al ajedrez; es demasiado difícil.

—No hay nada demasiado difícil en las reglas del ajedrez, lo que es complicado es jugar bien.

—Yo no juego muy bien —reconoció Harry.

—¡Ah, venga ya!, seguro que me ganas en un momento. Vamos a jugar ahora.

Un par de días más tarde, la señora Holdsworth entró de repente en el cuarto de Harry, justo cuando Madison acababa de coger su reina, que se metió rápido en la boca.

—Cualquiera pensaría que estás jugando al ajedrez con Madison, Harry.

—¿Verdad que sí, mamá?

—No te la habrás tragado, ¿eh, Madison? —dijo Harry cuando su madre se marchó—. Sácatela, anda.

—Eso es lo que estoy haciendo —respondió Madison, al tiempo que sacaba la reina de su escondite y la ponía en el tablero—. Y es más, Harry, me da la impresión de que esto es jaque mate.

—He visto a Harry jugando al ajedrez contra sí mismo —dijo la señora Holdsworth a su marido más tarde—. Hasta había colocado al loro al otro lado, supongo que para fingir que es su oponente.

—Harry se pasa la vida en un mundo imaginario —contestó el padre.

—Bueno, eso es porque está mucho tiempo solo.

Madison Holdsworth encontró otra explicación:

«Es el típico hijo único, como yo —pensó—. Espera que se lo den todo hecho. Piensa que fregar despues del desayuno del domingo es suficiente trabajo para una semana. Y por lo visto, tampoco hace mucho en la escuela. Pero supongo que es un buen chico, y que sólo le hace falta alguien que le diga las cosas claras, como yo; y me gusta su retorcido sentido del humor.»

Durante toda aquella primera semana, Harry disfrutó muchísimo con el hecho de ocultar que el loro sabía hablar. Una parte de él quería ver las caras de sus padres cuando se desvelara el secreto. Pero ¡era tan divertido que creyeran que Loco era mudo! Todas las noches se reía con fuerza en su cama al recordar las cosas que se habían dicho aquel día:

—¿Qué tal está tu amigo parlanchín?

—Muy bien, papá. Claro que extraña algunas cosas de haber vivido tantos años en América; pero se está acostumbrando muy bien, y le gusta mucho estar aquí.

—Supongo que todo eso te lo ha dicho él, ¿no?

—Sí, claro.

—Venga ya, Harry.

O bien, este otro diálogo:

—¿Por qué no intentas enseñarle algo a tu loro, Harry?, aunque sean sólo una o dos palabras.

—Oh, no creo que pueda enseñarle mucho, mamá.

—¿Por qué? ¿Crees que es demasiado estúpido?

—Tiene cerebro de pájaro.

Y Harry comenzaba a reírse como un loco, tumbado en el suelo y sujetándose la barriga, mientras las lágrimas resbalaban por sus mejillas.

Y en más de una ocasión, el señor Holdsworth le dijo a su mujer;

—¿Sabes?, a veces creo que Harry está completamente loco.

—¡Jo, si ellos supieran...! —le dijo Harry al loro cuando éste llevaba ya una semana con ellos.

—¿No te parece que ya ha llegado el momento de contarles la verdad, muchacho? —le respondió Madison—. Una broma es una broma, pero me estoy hartando de hacerme el tonto delante de tus papás; ¿qué te parece si descubirmos el pastel?

«Probablemente Loco tiene razón —pensó

Harry—. En realidad, Loco tiene razón en muchas cosas.»

—Vale —dijo—, mañana lo sabrán.

5

A la mañana siguiente, a los señores Holdsworth les despertó una música. El himno de batalla de la Unión, en la Guerra de Secesión americana, llegó hasta sus oídos interpretado al piano con bastante corrección, aunque muy despacio. Al mismo tiempo, la voz de Harry les comunicaba que el cuerpo de John Brown estaba pudriéndose en la tumba.

—Nunca antes había oído cantar a Harry —dijo su madre.

—Hum, él toca el piano bastante mejor de lo que canta, sí —bromeó su padre mientras se tapaba la cabeza con la sábana.

En la cocina, durante el desayuno, el señor Holdsworth comentó:

—No sabía que quisieras ser músico, Harry.

—¿No?

—¿Has estado ensayando antes? —le preguntó su madre.

—No, mamá, es fácil, seguro, si sabes como hacerlo.

Madison, que estaba posado sobre uno de los hombros de Harry, lanzó un agudo silbido, y Harry comenzó a soltar risitas ahogadas sin poder evitarlo. Su padre le miró por encima de su periódico dominical.

—Harry —le dijo—, le he comentado a tu madre varias veces que creo que estás loco.

La risotada se agudizó. Harry comenzó a balbucear y a bufar mientras las lágrimas caían por su cara.

—¡No!, ¡no!, el loco es el de las plumas —gritó sofocado.

—Cómete los huevos —ordenó su madre—, y no hagas más el tonto.

Madison observaba el desayuno de la familia con una mirada de desaprobación. No es que él tuviera la menor objeción que hacer a que los humanos comiesen o a lo que ellos solían comer; la mayoría de sus alimentos, él lo sabía por experiencia, eran deliciosos.

«Por cierto —pensó—, debo dejarle claro cuanto antes al joven Harry que la comida para loros es sólo para loros comunes, pero no para mí.»

Pero si había algo que le pusiese enfermo era ver a la gente comer huevos pasados por agua. Le parecía que hacer tal cosa delante de cualquier pájaro era de pésimo gusto.

A pesar de su indignación, se dedicó a observar con un estremecimiento los diferentes métodos de los miembros de la familia.

La madre colocaba el huevo en la huevera

individual con la parte más redonda hacia arriba. Después lo golpeaba suavemente con la cucharilla y quitaba la cáscara de la parte superior, dejando una blanca corona como la tonsura de un monje.

El padre lo ponía con la punta hacia arriba y lo decapitaba con un fuerte golpe dado con el cuchillo.

El chico no usaba huevera; quitaba toda la cáscara de su huevo, dejaba su cuerpo indefenso encima del plato y con un tenedor lo convertía en una masa horrible.

—¡Puaf! —gritó Madison.

El señor Holdsworth bajó su periódico y dijo:

—Este pájaro hace unos ruidos que suenan casi como palabras.

Frente a él, Harry exhibió una sonrisa de oreja a oreja.

—¿Dónde está la gracia ahora? —preguntó su padre.

—Da los buenos días —le dijo Harry.

—Ya te he dicho "buenos días" al bajar a desayunar.

—No, a mí no, papá, dale los buenos días a Madison.

—No seas tonto, Harry —intervino su madre—, deja a papá que lea el periódico en paz.

—¡Oh, hazlo, papá!, ¡díselo!

—Está bien, si insistes —dijo su padre, y a continuación miró al loro—. Buenos días.

—Buenos días —respondió Madison.

—¡Cielos!, ¿cuándo has aprendido eso?

Madison abrió su pico para decir: "Oh, hace cuarenta años", pero vio que Harry se llevaba su dedo índice a los labios, así que lo cerró de nuevo.

—De modo que ya has empezado a enseñarle cosas —dijo su madre—. ¿Has estado diciéndole eso hasta que él lo ha repetido? Lo ha dicho muy claro, ¿verdad?

—Sí, mamá.

La señora Holdsworth se inclinó y dijo:

—Buenos días, Madison.

El loro se volvió hacia ella con rapidez y repitió:

—Buenos días.

—Eres un pájaro muy listo —dijo la madre de Harry.

—Eres un pájaro muy listo —repitió el loro.

—¡Es asombroso! —exclamó el señor Holdsworth—, es un imitador nato. Tendríamos que haber imaginado que el tío George no iba a preocuparse tanto por un viejo loro cualquiera. Ahora ya no resulta raro su interés; aquí está esta criatura que es capaz de repetir, palabra por palabra, lo que decimos...

—Y lo pronuncia con bastante correción —interrumpió la madre de Harry—, y lo que es más, si te das cuenta, lo hace con un cierto acento americano.

—...Lo que es lógico —continuó su marido— si consideramos que el tío George debió practicar este tipo de juegos con el animal frecuentemente; y éste es el *quid* de la cuestión: en cuanto al sentido real de lo que estamos diciendo, el pájaro no tiene ni idea, ¿no es cierto, amigo?, ni idea.

—Ni idea —repitió Madison con seriedad.

—Es una lástima que estos animales no tengan cerebro propio como nosotros, ¿verdad, papá? Quiero decir que podría ayudarte a resolver el crucigrama del *Sunday Times*.

—No digas tonterías, Harry —le riñó su madre, que después se dirigió a su marido—. Y tú, querido, vete y siéntate cómodamente con tu precioso crucigrama. Harry, es hora de que vayas a fregar los platos.

—Sí, mamá.

Harry se encaminó hacia la cocina, pero se detuvo un momento en el pasillo, donde sus padres ya no podían oírle.

—Loco.

—Sí, Harry, ¿qué quieres?

—Descubrimos el pastel ahora, ¿de acuerdo?

—Sí, por favor. Es un poco molesto repetir simplemente las cosas, hace que me sienta como un completo idiota.

—Vale, Loco, pero aguarda hasta que termine de fregar. No quiero perdérmelo.

Volvió al salón, donde su padre estaba ya sentado en su sillón, con la pipa en la boca y balanceando el lápiz entre sus dedos. Harry puso a Madison en su jaula.

—Espero que ese pájaro se quede ahora callado —dijo el señor Holdsworth.

—¡Oh, lo hará, papá!, estoy seguro.

—Seguro —repitió Madison.

Transcurría la mañana de domingo, y todo era paz y tranquilidad. Los únicos leves sonidos que se podían escuchar eran el rascar del lápiz del señor Holdsworth, el ruido que producía su esposa al pasar las páginas del libro que estaba leyendo, y el crujido de las semillas dentro de la jaula. Harry llegó con las tazas de café.

En ese momento, su padre se sacó la pipa de la boca y suspiró profundamente. La señora Holdsworth cerró el libro y preguntó:

—¿Estas bloqueado?

Su marido respondió:

—Hum, hoy es bastante difícil, la verdad. Fíjate, no puedo encontrar una palabra simple que encaje aquí: espacio, S, espacio, T, dos espacios, I, espacio, A.

—¿Cual es la definición?

—Relativo a cierta especie animal.

Durante unos instantes reinó un gran silencio, y de repente se oyó:

—Es un adjetivo, señor —dijo Madison en el tono más respetuoso—. "PSITÁCIDA". Significa "perteneciente a la familia de los loros". Si usted quiere, puedo deletreárselo.

6

Sólo había transcurrido una semana, justo el tiempo entre un domingo y el siguiente, y sin embargo, aquella familia tenía ya la sensación de que nunca habían vivido sin Madison. Y cada uno se preguntaba cómo se las habían arreglado antes de su llegada.

Y lo mismo les ocurría al perro y al gato. Ambos apenas podían recordar cómo era su vida antes de que llegara aquel rechoncho y gris forastero con voz humana, o mejor dicho, con una variedad de voces. Y es que Madison podía, por ejemplo, dirigirse a ellos usando el tono de voz de cualquiera de los tres Holdsworth. Esto provocaba en el perro un temeroso respeto. Ahora ya nunca ladraba cuando sonaba el timbre, porque Madison le había regañado por hacerlo. Y había aprendido rápidamente a obedecer las órdenes del loro: "siéntate", "espera", incluso cuando procedían de la jaula. El perro sabía que si hacía lo que se le había mandado, siempre era recompensado con un agudo grito de "¡Buen chico!", que le hacía sentirse muy feliz y suficientemente pagado.

El gato, por su parte, de una manera natural, pero imprudente, creyó en un principio que el recién llegado era, por su tamaño, una paloma, aunque algo distinta de las que vivían en las calles y a las que él siempre perseguía, pero nunca atrapaba. De modo que sería presa fácil.

Al observar que los humanos habían permitido pronto a Madison que estuviera fuera de su jaula, el gato esperó la ocasión en que todos se habían marchado, y entonces se deslizó sigilosamente hacia Madison, que estaba posado en el brazo de una silla, con su cabeza vuelta hacia la espalda.

¡Pobre gato! ¿Cómo iba él a imaginar lo que le esperaba? ¿Cómo iba a saber que Madison había visto docenas de viejas películas de gángters durante años, porque eran las favoritas de tío George? James Cagney, George Raft, Edward G. Robinson... Conocía a todos y cada uno de los actores. Pero en esta ocasión fue la voz de Bogart la que se oyó de repente sobre los atónitos oídos del "cazador". Era una voz pausada y burlona; y lo que es más sorprendente, resultaba más inquietante porque hablaba muy bajo.

—¡Quieto ahí, cariño! —gruñó Madison por uno de los bordes de su pico.

El gato, paralizado, se detuvo.

Despacio, muy despacio, Madison volvió la cara hacia el animal y habló de nuevo, aún más suavemente.

—No lo vuelvas a hacer jamás, amigo, ¿me entiendes? Y ahora, ¡lárgate!

Con su pelo erizado y la cola del tamaño de un cepillo para limpiar botellas, el gato hizo intención de irse. Pero entonces, y para su horror, salió del pico de Madison el "taca, taca, taca, taca" de una metralleta Thompson y el silbido de las balas.

—Tuve que hacerlo, ¿sabes chico? —gruñó Madison después a Harry—. Era Johnny el

Gato que venía a liquidarme. Tenía que elegir entre su vida y la mía, así que disparé.

Los padres de Harry ya se fiaban del original comportamiento de Loco. El señor Holdsworth pensaba que el loro era una excelente compañía cuando él regresaba a casa, cansado después de todo un día de trabajo. Encendía la televisión y podían ver juntos las noticias de la tarde. Después, mientras la señora Holdsworth preparaba la cena y Harry hacía sus deberes, ellos comentaban los principales sucesos.

Madison había sido entrenado por el profesor Holdsworth para interesarse por la extraña y a menudo loca manera en que los humanos gobernaban el mundo. Un mundo que consideraban que les pertenecía, y sin embargo, parecían decididos a destruirlo, aunque, de paso, también ellos se destruyeran. En su interior, Madison creía firmemente que los loros habrían dirigido al mundo mucho mejor que los hombres.

A la segunda semana, el crucigrama del *Sunday Times* ya no se les resistía. Madison y el señor Holdsworth formaban un equipo perfecto y competían para ver quién resolvía pri-

mero una pista. El loro estaba especialmente fuerte en anagramas.

Pero sus habilidades no eran sólo intelectuales, claro está; descubrió para su propia sorpresa, ya que no tenía experiencia ninguna en ese terreno, que podía ser una gran ayuda en el jardín. Su fuerte y ganchudo pico era el instrumento perfecto para quitar los brotes de malas hierbas, algunas de las cuales eran muy sabrosas, como descubrió Madison. Mano a mano, el hombre y el loro trabajaban juntos durante las largas tardes de verano. No se hablaban por temor a que los vecinos se enterasen de la capacidad de Madison.

La señora Holdsworth se había equivocado al principio sobre un problema fundamental. A ella no le hacía la más mínima gracia el tener los muebles y las alfombras salpicados con excrementos de pájaro, pero con un animal con la inteligencia y sofisticación de Madison, la buena señora no sabía muy bien cómo afrontar esta espinosa cuestión. Así que decidió acudir a Harry como intermediario.

Y Harry fue muy directo.

—Loco —dijo riendo—, mamá pregunta si tienes necesidad de ir al lavabo.

Madison le miró perplejo.

—¿El lavabo? —preguntó—. ¡Oh, ya entiendo! Ella quiere decir que si tengo que ir al baño.

Ahora fue Harry el que se sorprendió.

—¡Así es como nosotros lo llamamos en América. No, en realidad no necesito ir. Pero yo lo entiendo, Harry, muchacho, tu madre está preocupada.

—Sí, creo que sí.

—Voy a hablar con ella.

Loco encontró a la madre de Harry en la cocina.

—¿Señora Holdsworth?

—Sí, Madison, estoy aquí.

—Con respecto a lo que suele llamarse el área de cuidado personal...

La señora Holdsworth le miró sorprendida.

—... no se preocupe por mí. Siempre puedo salir al jardín, y por la noche... bueno, mi jaula bien merece el nombre de "el cuarto de baño más pequeño del mundo".

Madison pensaba que para eso era para lo único que servían las jaulas.

Y, con mucho tacto, cambió de tema.

—Estas galletas tienen un aspecto estupendo.

—¿Galletas? ¡Ah!, te refieres a mis pastas de té. Toma, prueba una.

—De-li-cio-sa. Yo siempre lo digo, las galletas no deben cocerse demasiado para que estén crujientes como éstas, tan ligeras y con este leve color dorado.

—¿Te interesa la cocina? —le preguntó la señora Holdsworth.

—¡Claro!, era la afición favorita de George.

—¿De verdad?, también es la mía. Quizá conozcas alguna receta sabrosa del lugar de donde tú procedes.

Cuando Harry entró en la cocina, minutos más tarde, los encontró enfrascados en esta conversación:

—Los *brownies* —explicaba Madison— son unos deliciosos pastelitos de nuez y chocolate. Nosotros los hacemos con un chocolate especial, sin azúcar, pero el tipo corriente para postres también vale, y usted puede usarlo. Puede hacerlos también con almendras o coquitos del Brasil, como prefiera. Debe partir el chocolate en trozos pequeños y fundirlo con unos ciento cincuenta gramos de mantequilla en un cazo para baño María.

—¡Espera un poco! —exclamó la señora

Holdsworth—, dame tiempo para escribirlo.

Madison dictó de nuevo la receta, e incluso fue capaz de decir sin vacilar:

—Y después se añaden dos huevos.

La experiencia le había enseñado que a veces las buenas causas exigen algunos sacrificios.

—No sé si tienes un diente de caramelo —dijo la madre de Harry—, pareces muy goloso.

—La verdad es que no tengo ni un diente en mi boca, mamá, pero es cierto que soy un forofo de los dulces. En realidad, me gusta comer todo lo que le gusta a la gente, no se si me entiende.

—Madison, creo que voy a aprender muchas cosas contigo.

—Loco —le dijo Harry—, hoy no has comido casi nada de tus semillas.

—No —contestó Madison algo abstraído. Su boca estaba llena de imaginarios *brownies* americanos.

7

Uno de los aspectos de la vida de Harry que más y más pronto se beneficiaron de la presencia de Madison fueron sus deberes escolares. Ahora ya no le llevaba tanto tiempo el hacerlos, y resultaba una ocupación mucho más agradable con Loco a su lado.

Una tarde, el loro voló al piso de arriba y encontró al chico mascando su pobre lápiz y mirando fijamente una página en blanco.

—Estoy bloqueado, Loco.

Madison se posó sobre el hombro de Harry, miró hacia el libro abierto sobre la mesa y dijo:

—¿Qué tenemos aquí?

—Es inglés.

—¡Inglés! —exclamó Madison con tono vibrante—, ¡la flor de las lenguas! ¡El más noble de los idiomas! ¡La lengua materna que chapurreaba Shakespeare!

—¿Chapurreaba?

—Chapurreaba; ¿qué tenemos que hacer?

—Es un ejercicio de gramática. Tengo que decir, en una serie de frases, qué palabras son nombres, verbos, y todo eso. Como por ejemplo, en esta: «John se cayó de la tapia y se rompió la pierna izquierda».

—¡Pobre John, qué mala suerte! Pero no es nada difícil contestar a lo que se te pregunta. Esto es lo que debes poner: nombre propio; pronombre; verbo; preposición; artículo determinado; nombre; conjunción; pronombre; verbo; artículo; nombre; adjetivo. Lo entiendes, ¿no?

—No —respondió Harry.

Pero una vez que Madison se lo explicó y dictó, con todas las palabras correctamente escritas, Harry lo entendió mejor.

—Has respondido muy bien, Harry —le dijo al día siguiente su profesor con tono sorprendido—, ¿te ha ayudado tu padre?

—No, me lo dijo un pajarito.

Toda la familia estaba de acuerdo en que el dominio del lenguaje que el loro poseía debía mantenerse en secreto. Esto era bastante fácil para Harry y su madre, porque siempre hablaban con Madison dentro de casa; pero era mucho más difícil para el señor Holdsworth, que más de una vez estuvo a punto de hablar con su compañero en el jardín. Un día se apoyó en la pala y le preguntó:

—¿Qué tal te va, viejo?

Pero Madison no le contestó.

Por otro lado, todos los miembros de la familia pensaban también que un loro completamente silencioso resultaría muy extraño para quien fuera a visitarlos.

—Sólo tienes que decir "Hola" —sugirió el padre de Harry—. Es lo que la gente espera de un loro.

—Y supongo que también podrías decir "Pajarito bonito" —añadió la madre.

—Perdone, mamá —dijo Madison—, pero le estaría enormemente agradecido si me dispensara de decir esas palabras. Ni el nombre ni el adjetivo son adecuados.

—¡Vaya con el elegante y distinguido Madison! —bromeó Harry.

—Si no tienen inconveniente, seguiré diciendo sólo "Hola".

Y así lo hacía cuando llegaban a casa parientes y amigos.

Tenía un extraño sexto sentido para saber qué visitantes eran bienvenidos. Ésos eran recibidos con un más que cortés "Hola". Pero las visitas pesadas ahora no se quedaban durante mucho tiempo. La palabra de saludo repetida una y otra vez, y si era necesario, un agudo silbido, les obligaba a salir de la casa corriendo.

Desde luego, había veces también en las que Harry estaba en el colegio, su padre en el trabajo y su madre en el mercado. Entonces, si alguien llamaba a la puerta, Madison le lanzaba unos gruñidos más terribles que los del Perro de Baskerville, mientras que el auténtico perro de la casa permanecía acostado en el suelo y sumido en un perplejo silencio.

Cuando sonaba el teléfono, Madison nunca podía resistir la tentación de coger el auricular. Pero nadie sospechaba que estaba hablando con un loro. Sólo el señor Holdsworth lo descubrió una mañana al llamar a su casa desde la oficina para hablar con su mujer, que acababa de salir. Marcó el número y se quedó muy sorprendido al oír que le contestaba su propia voz.

—Buenos días —dijo "su" voz—, habla usted con el contestador automático de los Holdsworth, si tiene usted algún mensaje para ellos, dígalo de forma lenta y clara después de oír la señal. Gracias por su llamada. Comience a decir su mensaje ahora.

Después se oyeron tres agudos sonidos, que realmente eran producidos por el pico del loro al golpear el auricular.

—¿Madison? —dijo el señor Holdsworth, todavía sorprendido.

Hubo una pausa.

—Ah... hummm... ejem... ¿qué tal señor? —dijo Madison con su tono normal—, no esperaba oír su voz.

—Yo tampoco esperaba oír "mi" voz. ¿Has hecho esto muchas veces?

—Sí, un par de veces, cuando la señora Holdsworth sale a la compra, como ahora.

—¿Y le das el mensaje cuando vuelve?

—¡Claro!, ¿qué quiere que le diga, señor?

—Dile que a lo mejor llego un poco tarde esta noche, Madison.

—¿Por qué, señor?

—Tengo que asistir a una reunión que va a durar bastante.

—¡Vaya, señor, qué pena!, pero intentaremos guardarle un poquito.

—Guardarme un poco... ¿A qué te refieres?

—A las gambas al estilo de Nueva York, al jamón de Maryland y al bizcocho de fresa —dijo Madison alegremente—. Sí, señor, es

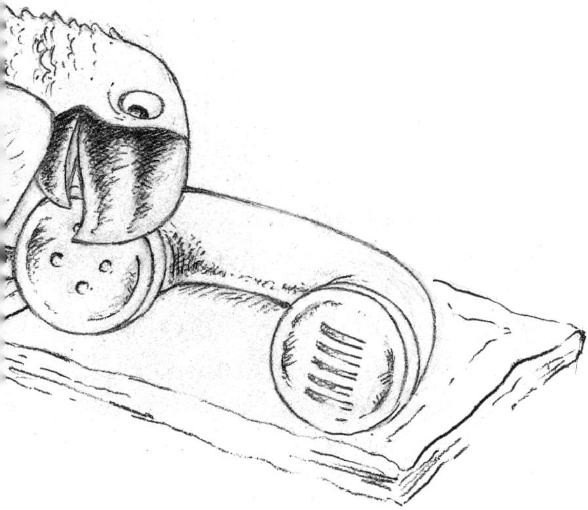

una pena lo de la reunión. Que tenga un buen día. Hasta luego.

—Creí que habías dicho que ibas a llegar tarde —dijo la señora Holdsworth cuando su marido entró en una cocina llena de olores y vistas agradables.

—Bueno... he cancelado la reunión.

—Pues has hecho bien, porque Madison y

yo hemos preparado una cena muy especial.

—Ya lo sé —dijo el señor Holdsworth.

—¿Y cómo lo sabes, papá? —preguntó Harry.

—Me lo ha dicho un pajarito.

Harry disfrutó muchísimo con ese primer intento de su madre de hacer una cena típica americana. Al final, cuando no le entraba ni una miga más, miro a Madison, que seguía comiendo con buen apetito. Ahora, el loro ya se sentaba a la mesa, o mejor dicho, se posaba al lado de Harry. Como era, y no por su culpa, un comensal un poco desordenado, la señora Holdsworth le puso una bandeja de metal, sobre la cual se posaba el loro. Así, la comida que se caía podían dársela luego al perro.

Madison utilizaba para comer una cuchara de postre, que Harry le llenaba de comida. El pájaro se apoyaba sobre una pata y agarraba la cuchara con la otra. A continuación metía su pico de una manera bastante elegante.

Terminó lo que quedaba del bizcocho de fresa y se dirigió a la señora Holdsworth.

—Ha sido una cena deliciosa.

—Es cierto —confirmó el señor Holdsworth—, ¿de dónde has sacado todas estas recetas?

—Me las contó un pajarito.

Harry estaba reflexionando. Antes de que llegara Madison, había sacado de la biblioteca un libro sobre loros y había leído un párrafo que le preocupó:

«Los loros tienen gustos y manías un poco extraños. Algunos se llevan bien con los hombres, otros responden mejor a las mujeres y otros prefieren a los niños.»

«Es estupendo que Madison se lleve tan bien con todos nosotros», pensó.

—Es magnífico que te gusten papá y mamá —le comentó al loro a la hora de acostarse.

Madison se subió a la barra de su jaula.

—La sangre tira mucho, Harry.

—¿Cómo?

—Ten en cuenta que yo también soy un Holdsworth —dijo el loro con orgullo—, si no de nacimiento, sí de adopción. Los pájaros de un mismo plumaje vuelan juntos. George se nacionalizó norteamericano, es cierto, pero hay muchas cosas en tu papá que me recuerdan a él, aunque no maneje tan bien el idioma como tu tío. Y en cuanto a tu mamá, bueno, George cocinaba bien, pero ella es la mejor. ¡Qué bizcocho de fresa! En serio, Harry, tus padres son de lo mejorcito.

Harry no contestó a esa declaración, pero su amistad era ya tan profunda que Madison pudo leerle el pensamiento.

—Pero nosotros dos —dijo el loro con firmeza— somos compañeros inseparables.

—Loco —contestó Harry—, no sé que haría sin ti.

8

Pasaba el tiempo, y Madison se sentía cada vez más integrado en el seno de la familia. El había sido muy feliz con el profesor Holdsworth en América, pero ahora la vida era mucho más plena, interesante y divertida. Durante las largas vacaciones de verano, pasaba casi todo el tiempo con Harry, unos ratos hablando y otros, la mayoría, jugando.

A veces, después de cenar, los padres de Harry jugaban con ellos al Monopoly. Este era el juego favorito de Madison. En realidad, necesitaba ayuda para manejar el blando y oscilante papel moneda, pero no tenía problemas para agitar los dados ni para mover su pieza con el pico.

A él no le gustaban ni el perro, ni la plancha, ni el sombrero de copa, ni el coche, ni la bota. Siempre escogía el acorazado y casi siempre ganaba; ésta era, sin duda, la razón de que le gustara tanto ese juego.

Los demás a menudo iban a la cárcel sin pasar por la SALIDA, pero Madison rara vez estaba detrás de las rejas. Además, sus tarjetas de SUERTE y CAJA DE COMUNIDAD solían ser buenas. Pero sobre todo, realizaba una gran selección al comprar las propiedades.

—¿Por qué siempre compras las de rojo, Madison? —le preguntó la señora Holdsworth una noche.

Como solía suceder, Madison ya había construido hoteles cuando los demás aún sólo tenían una o dos casas.

—No lo sé, me gusta, señora.

—El color, claro.

—No, creo que es porque en ese lote está incluida Trafalgar Square.

—Y bien, Loco, ¿qué tiene de especial Trafalgar Square? —preguntó Harry.

—Pues la estatua en honor de Lord Nelson, vuestro mejor navegante. George le admiraba mucho y tenía un estante lleno de biografías sobre él. Es más, a nosotros los loros siempre nos han gustado los hombres de mar.

—Veo que tengo muy poco dinero en efectivo —dijo el señor Holdsworth cuando cayó en el Strand—. Te puedo dejar mis estaciones de tren, si quieres, Madison.

Y eso sonó con cierto tono de súplica.

—Va a tener que venderlas, señor —dijo el loro con firmeza—, le hace falta para realizar el capital necesario. Le agradecería que me pagara mil cien libras.

—¡Mil cien libras! ¡Es un robo!

—Hablando de robos —terció la madre de Harry—, ¿sabéis que ha habido varios en el barrio últimamente? ¡Y durante el día!

—Seguramente habrá sido en casas que no tienen perro. Un perro es el mejor seguro contra los rateros. Nadie intentaría robar en nuestra casa si oyese a nuestro perro ladrar.

—Verás, eso es lo que me preocupa. Ahora parece que no ladra nunca. Creo que no espantaría a ningún ladrón. ¡Oh, vaya!, tengo que ir otra vez a la cárcel.

—Loco les espantaría, ¿verdad? —dijo Harry.

—Por supuesto, amigo —respondió el loro con voz de Humphrey Bogart—. Date la vuelta muy lentamente. Si giras demasiado deprisa te doy entre ceja y ceja. No me provoques, muchacho.

—Se iban a enterar —dijo Harry divertido mientras tiraba los dados, que le llevaron, para su desgracia, justo en medio de Trafalgar Square.

—Y con esa tirada te vas a enterar tú —sentenció Madison.

Los primeros días en que Madison se quedó solo en casa después de esa conversación, pensaba mucho en los rateros. Pero luego se olvidó por completo del tema.

Pasaron dos semanas. Había empezado el curso después de Navidad y Harry estaba de nuevo en el colegio. El señor Holdsworth se encontraba trabajando y su esposa iba a salir a la compra.

—Antes de que me vaya, ¿quieres algo, Madison?

El loro alzó la vista del periódico, que estaba sobre la mesa de la cocina. Estaba leyendo la columna de un famoso periodista sobre América.

—¿Se acuerda de que nos hemos quedado sin limones? —dijo—. Nos hará falta zumo y ralladura de limón para hacer la tarta transparente esta noche.

—Sí, los tengo apuntados en mi lista. Pero me refería a algo especial que quieras para ti.

—Bueno, yo nunca digo que no a un bombón helado —dijo Madison, que era un gran aficionado a los helados.

—Muy bien. Me voy y me llevo al perro para que haga un poco de ejercicio. Hasta luego.

—Estupendo.

Pero no lo fue.

Pasó un cuarto de hora. Todo estaba muy silencioso, y Madison dormitaba en la cocina, sobre el periódico. De repente sonó un ruido que pareció venir del salón. Era un ruido leve, el tintinear de algo frágil al romperse.

—¿Qué estará haciendo ese gatito tonto? —dijo Madison mientras bajaba de la mesa y volaba por el pasillo—. Habrá hecho añicos una de las figurillas de la señora Holdsworth, si no me equivoco.

Pero sí se había equivocado, como descubrió cuando entró en el salón.

No era una figurilla, se trataba de una ventana. Y por ella no estaba entrando sigilosamente el gato sino un hombre. No era ni grande, ni feo, como suelen ser los rateros. No llevaba ni un jersey a rayas, ni una máscara negra, ni un saco donde se leyera "Botín". Era menudo y apuesto, vestía un traje a la moda y llevaba un maletín de piel.

Madison se escondió detrás de la puerta.

El hombre se movía en silencio y con agilidad, porque llevaba zapatos con suela de goma. Cerró la puerta con una mano enguantada, y Madison quedó al descubierto.

«Bogart no se habría dejado coger así —pensó—, ¡vaya pico que tengo!»

Y decidió abrirlo.

—¿Quién es este chico malo? —preguntó con la voz de un loro parlante normal.

El ratero no consideró necesario contestar a esa pregunta. En vez de hacerlo, abrió la cremallera de su maletín y tras lanzar una mirada llena de experiencia alrededor del salón, se fue derecho al aparador en cuyos cajones la señora Holdsworth guardaba toda la plata de la casa.

Cuchillos, tenedores y cucharas, jarritas de

leche y salseras, candelabros, posavasos, bandejitas y un centro para flores muy bonito de plata labrada. Madison había visto estos objetos cuando se sacaban para limpiarlos, y él sabía bien que eran los más valiosos de la casa.

—¡Alto, ladrón! —gritó.

El ratero dejó de examinar el centro de flores.

—¡Cállate, pájaro idiota!, ¿o quieres que te calle yo?

Madison no creyó necesario contestar a esa pregunta. En vez de hacerlo, subió al alféizar de la ventana y tomó aire.

—¡SOCORRO! ¡LADRONES! ¡CACOS! ¡RATEROS! ¡ATRACADORES! ¡FUEGO! ¡ASESINOS! ¡POLICIA! ¡AUXILIO! —gritó el loro con todas sus fuerzas.

Oyó tras él el ruido del centro al caer al suelo y luego sintió cómo unas manos le agarraban y le introducían en la oscuridad del maletín. La cremallera hizo "ziip" y su cabeza chocó contra el alféizar de la ventana cuando el ladrón se dio a la fuga. Y Madison, por una vez en su larga vida, se quedó en silencio.

Escuchó vagamente el portazo del coche, el ruido de un motor... Y percibió con cierta dificultad un viaje lleno de tirones y frenazos por culpa del intenso tráfico. Más tarde, alguien cogió el maletín, y Madison sintió que lo subían por una escalera. Oyó las pisadas en los escalones y cómo se depositaba el maletín sobre un mueble. Y entonces se abrió la cremallera.

Ahora, la cabeza de Madison se despejó. Tras unos instantes de espera, lo sacaron del maletín.

Estaba en un pequeño cuarto con la puerta cerrada y las cortinas corridas. El ladrón se había sentado sobre la cama y le miraba con la ceja fruncida mientras se acariciaba la barbilla en un gesto de reflexión.

—Debería haberte dado en la cabeza.

Madison quiso decir "pues así lo hiciste", pero se mantuvo callado.

—Me has jorobado totalmente el trabajo de esta mañana. De todos modos, puedo volver fácilmente otro día. Allí hay unas cosas muy buenas, y tú por lo menos debes de valer algo. Los loros son pájaros valiosos, si no me equivoco, sobre todo los que han aprendido tantas palabras como tú. Por cierto, no empieces a gritar otra vez o te arrepentirás. Claro que no debes estar entendiendo nada de lo que te estoy diciendo.

Se puso de pie y se acercó a la mesita donde estaba el teléfono. Marcó un número. Madison escuchó con interés.

—El señor Lock, por favor —dijo el ladrón—. De parte de Silver Ware.

Se produjo una pausa.

—¡Hola! ¿Eres tú, Johnny? Soy yo, Silver Ware. ¿Podrías hacerme un favor? Tengo una cosita para vender, Johnny.

—...

—No, no es nada de mi mercancía habitual, es un loro. Me lo he encontrado en una de las casas.

Aunque no distinguía muy bien las palabras, Madison pudo advertir un cierto tono de sorpresa en la otra voz.

—Sí, sí, un loro —insistió Silver—, y habla muy bien. Así que yo he pensado: Johnny negocia con todos los ladrones de la ciudad. Seguro que conoce a algún tipo en el negocio de los pájaros.

—...

—¿Sí? ¡Oh, es fenomenal!, dile que me dé un toque, ¿quieres, Johny? Muchísimas gracias. Por cierto, a lo mejor la semana que viene tengo un lote para ti. Adiós, chico.

Silver Ware colgó el teléfono, apuntó un nombre y una dirección en el cuaderno, sacó de su chaleco un reloj de bolsillo de plata, que colgaba de una cadena también de plata, y dijo tranquilamente:

—Ya es hora de tomar una copita.

Se tiró de los puños de su camisa, para que quedaran a la vista sus gemelos de plata, se colocó un pisacorbatas, también de plata, claro, y se fue hacia la puerta.

—No tardaré mucho —le dijo a Madison de paso—; si llama alguien por teléfono, contesta tú.

Y se marchó riéndose de la descabellada idea.

9

Cuando la puerta se cerró, Madison esperó aún hasta que no se oyeron las pisadas, sólo entonces salió del maletín.

Descubrió que la ventana estaba cerrada con un candado. Examinó después la chimenea. Dentro había una estufa que imitaba un fuego real, y detrás, tapando el tiro, había una plancha de yeso.

«Eso debe de servir para que no bajen por ahí las corrientes de aire —se dijo Madison—. Pues si las corrientes pueden bajar, supongo que los loros podemos subir.

Y empezó a quitar el yeso con su pico. Al cabo de un rato había quitado una esquina, y al alzar la vista, vio con alegría un distante fragmento de cielo.

En ese momento, sonó el teléfono.

Madison salió de la chimenea, subió a la mesa y descolgó el auricular.

—¡Hola —dijo con la voz del ladrón—, aquí Silver Ware.

—Llamamos de la pajarería "Alitas felices" —contestó una voz—. Johnny Lock nos dijo que nos pusiéramos en contacto contigo. ¿Tienes un loro a la venta?

—Eso es.

—¿De qué raza?

—Es un loro gris africano.

—¿Y habla también?

—Sí, muy bien. Este pájaro conoce palabras que tú seguro que no has oído nunca. Es, aunque esté mal que yo lo diga, el loro más bonito e inteligente del mundo, sin excepciones.

—¿Le tienes a mano?

—Sí —respondió Madison—. Espérate un momento, que ahora se pone.

Aguardó unos diez segundos, y luego dijo con la voz de un loro normal:

—¡Dios salve a la Reina! ¡Viva Gran Bretaña! ¡Viva el país de la esperanza y la gloria! ¡Tienes una cara como el trasero de una gallina!

—¿Ves? —volvió a decir Madison con la voz de Silver—, ¿cuánto me das por él?

—Tendría que verlo, primero. ¿Dónde estás?

Madison pensó: "Ojalá lo supiera", y dijo:

—No, prefiero llevártelo yo, dame tu dirección.

Cuando terminó la conversación, Madison estuvo a punto de marcharse por la chimenea hacia la libertad. Pero luego pensó que no debía dejar pasar esa oportunidad para avisar a Harry y decirle que estaba bien. Cogió de nuevo el auricular y marcó el teléfono de los Holdsworth con su pico. Pero comunicaba. Madison miró un pequeño reloj (de plata, claro) que estaba sobre la mesilla de noche. El señor Ware llevaba fuera veinte minutos.

«Por lo menos —pensó Madison—, tengo que agradecerle su hospitalidad antes de irme.»

Volvió a marcar, esta vez el 999, teléfono de Emergencias.

—¿Qué servicio desea usted? —dijo la operadora.

—Póngame con la policía —respondió el loro.

Enseguida otra voz dijo:

—Aquí la policía, ¿qué le ocurre?

—Me han secuestrado.

—Bien señor, ¿desde dónde llama?

—No lo sé.

—No sabe... ¿que no sabe dónde está usted?

—No.

—Pues dígame al menos el número de teléfono desde el que llama.

Madison lo leyó en el disco.

—Bueno —dijo el policía—, eso podemos descubrirlo con facilidad. Entonces, acerca de ese secuestro, ¿quién lo ha secuestrado, señor?

—Escúcheme, amigo —dijo Madison—, y escúcheme bien porque tengo poco tiempo. El tío que me cogió vive aquí. Cuando sepan a quién pertenece el teléfono, le cogerán. Es un delincuente de poca monta que se llama Silver Ware, y aquí hallarán asimismo un interesante botín. Su captura les llevará también a un par de traficantes de artículos robados. Uno de ellos se llama Johnny Lock, el otro es el dueño de la pajarería "Alitas felices", donde pueden investigar si quieren encontrar unos valiosos pájaros robados.

Y les dio la dirección.

—¿Lo ha apuntado todo? —preguntó Madison.

—Sí, sí, muchas gracias, señor. Es usted un buen ciudadano. Tiene usted acento americano, ¿no es verdad, señor?

—Sí, sí, aunque en relidad soy africano.

—Ya entiendo, es usted un americano de raza negra.

—Bueno, la verdad es que soy gris.

—¿Puede usted darme algunos detalles más, por favor? ¿Está usted atado?

—No, libre como un pájaro.

—¿Y se encuentra usted en una habitación cerrada?

—No, la puerta no está cerrada con llave.

—¿Y por qué no la abre?

—Porque no llego al picaporte, compadre. No soy lo bastante alto.

Hubo una pausa, y cuando el pobre policía volvió a hablar, lo hizo con tono de enfado.

—Vamos a ver, amigo, ¿quiere decir que está completamente libre, ileso y en una habitación cuya puerta no está cerrada con llave, pero es usted demasiado bajo para llegar al picaporte? Tenga la bondad de decirme cuánto mide exactamente.

Madison estaba ya harto de tanta pregunta y de la actitud del policía. Además, quería irse a casa.

—Muy bien, compadre —dijo—, tú te lo has buscado. Mido veintidós centímetros.

En ese mismo instante, Madison oyó el ruido de un portazo y luego las pisadas que subían hacia él.

—Tengo que irme.

—¡Oh, sí!, por la dichosa chimenea, supongo.

—Has dado en el blanco, tío.

10

—¿Quieres un bombón helado? —preguntó la madre de Harry cuando éste llegó del colegio aquella tarde.

—¡Oh, sí, por favor, mamá!

Y Harry fue a buscarlo.

—A Loco le gustará compartirlo conmigo, le encantan los helados. ¡Loco!, ¿dónde estás?

—Siéntate un momentito, Harry —le pidió su madre—, y escucha mientras te cuento lo que ha pasado. Fui a hacer la compra esta mañana y no estuve fuera mucho tiempo, sólo una hora, pero cuando llegué a casa, vi que nos había visitado un ladrón. Uno de los cristales de la ventana del salón, el más cercano al pestillo, estaba roto. Había trozos de cristal en la alfombra. Alguien la había golpeado desde fuera y había abierto la ventana.

—¿Ha robado muchas cosas?

—No, está claro que venía buscando la plata. Las puertas del aparador estaban abiertas y mi centro de flores, en el suelo. Pero no ha sido la plata lo que se ha llevado.

—Entonces, ¿qué es lo que ha robado?

—Escúchame, Harry, vas a tener que ser muy valiente. Se ha llevado a Madison.

—¡Oh, no, mamá! —exclamó Harry.

—Sí, es duro, pero atiende, estoy segura de que no le harán daño.

—¿Y por qué se lo habrán llevado, entonces?

—Los loros son animales muy valiosos, ¿sabes?, y más aún, Madison, ¡si alguien supiera lo inteligente que es! Pero incluso un loro que sólo sepa decir unas cuantas palabras puede valer entre doscientas y trescientas libras, según me han dicho los de la policía.

—¿Vino la policía?

—Sí, y hablaron con los vecinos de enfrente, que dijeron que habían oído cómo alguien gritaba y pedía auxilio. Seguramente era Madison.

—Pero no les dijiste...

—No, no, les dije que posiblemente fue un transeúnte que vio al ladrón entrar en la casa.

—¿Lo sabe papá?

—Sí, sí. Tiene que estar a punto de llegar. Va a poner unos anuncios en los periódicos ofreciendo una recompensa. Intenta no preocuparte demasiado, cariño. Seguro que pronto encontraremos a tu viejo Loco. ¿No vas a comerte el bombón helado?

—No —contestó Harry con tono lánguido.

La velada no fue feliz. El señor Holdsworth vio el telediario de las seis solo. Las noticias fueron tristes, como casi siempre, pero él pensaba en otra aún más triste.

Los deberes de Harry fueron una sucesión horrorosa de errores.

La señora Holdsworth, al poner la mesa, colocó automáticamente la bandeja y la cuchara de Madison, antes de darse cuenta de lo que estaba haciendo.

Y aunque en la cena todos fingieron degustar la tarta transparente, cualquiera podría haber sabido cuáles eran sus verdaderos sentimientos. Después de cenar, Harry no pudo aguantar la visión de la jaula vacía, así que

se despidió con rapidez tras unos minutos y se fue a la cama. Jamás en su vida se había sentido tan mal.

—Loco —dijo en la oscuridad—, ¿dónde estás?

Pues bien, en aquel mismo momento, Madison estaba en un tiro de chimenea muy sucio. Como era lógico, trataba de subir con las patas y el pico, y tenía la boca llena de hollín. Pero seguía ascendiendo y disfrutaba con los gritos coléricos del ladrón Silver. Un último y desesperado empujón le liberó.

Ahora, Madison estaba tan negro como la noche que le rodeaba. Se posó sobre el remate de la chimenea, una entre las miles que hay en Londres, y se mantuvo en equilibrio.

«Loco —se preguntó en la oscuridad— ¿dónde estás?»

Ésa fue para Madison Holdsworth, pájaro de letras, cosmopolita, vividor, sofisticado y seguro conocedor de la buena mesa y de la conversación inteligente, la peor noche que jamás había pasado desde que salió de las ruinas de su huevo en forma de feo y desnudo pollo.

Como si no fuera bastante estar perdido, sucio y hambriento, los duendes del tiempo consideraron que ésa era la noche adecuada para jugar su papel y reducir al loro más guapo e inteligente del mundo a un mamarracho.

Primero llegó el viento, desde algún sitio cercano a Siberia, y amenazaba a cada momento con arrancarle de su insegura e improvisada percha. Y luego empezó a llover a cántaros. El agua empapó su plumaje y se mezcló con el hollín que le cubría para convertirlo en una masa negra y pegajosa de alquitrán.

Calado hasta los huesos, tan negro como un vil cuervo y tan incapacitado ahora para el vuelo como un pingüino, Madison se cayó del borde de la chimenea, rodó por la cuesta resbaladiza del tejado y se precipitó a la calle. En estado de shock, asustado y tiritando, consiguió arrastrarse desde la calle hasta el portal, fuera del alcance del viento y la lluvia. Allí, esperando a los basureros, había muchos desperdicios, en su mayoría cajas de cartón. Madison se metió en una de ellas con las pocas fuerzas que le quedaban.

—Supongo que éste es el final de todo —musitó débilmente—, adiós, Harry. George, voy a tu encuentro.

Sus ojos se cerraron y su cabeza cayó sobre su pecho.

11

A la mañana siguiente, muy temprano, el camión de la basura avanzaba a lo largo de la calle, parando delante de cada cubo o de cada portal donde había desperdicios. Uno de los tres basureros cogía el cubo y lo volcaba en el depósito triturador del vehículo. Dentro, un gigantesco tornillo de metal giraba sin parar y aplastaba y convertía en pulpa todo lo que le echaban.

Madison iba camino del tornillo, todavía inconsciente y en una caja de cartón que prometía ser su ataúd mientras daba vueltas y se acercaba a su destino. De repente, uno de los basureros lo vio y dio una voz. Otro lo sacó del depósito justo a tiempo.

—Me pareció ver algo vivo —dijo el primer basurero.

—Es un pájaro, ¿verdad?, un pájaro muerto —dijo el segundo.

—¿Muerto?, cuando le vi dando vueltas en esa caja creí que estaba vivo. Bueno, si está muerto, tíralo al depósito.

En ese momento se acercó el tercer basurero.

—¿Qué tenéis ahí, eh?

—Es un pájaro, a que sí, y yo creo que está muerto.

—Dejadme verlo. Es un bicho un poco raro.

—No, es sólo un viejo grajo.

—Es un grajo un poco extraño, con ese pico... Enséñaselo al viejo Claude, él sí que sabe de animales, sí, el viejo Claude se las sabe todas.

El viejo Claude era el conductor del camión, un hombre calvo, grande y bonachón. Miró desde la ventanilla del camión.

—¿Qué pasa? —preguntó.

—Es un pájaro, seguro que está muerto.

Claude cogió el flácido cuerpo con una de sus enormes manazas, y con la otra sacó unos trapos de debajo del salpicadero y empezó a limpiar el alquitrán de las plumas con mucho cuidado.

Poco a poco, Madison comenzó a mostrar sus verdaderos colores: el gris del plumaje, el rojo vivo de la cola, la cara blanca y el pico, como siempre, negro. Y una pequeña chispa de vida brilló de nuevo en el cuerpo de Madison gracias al calor de la mano de Claude y al estímulo de su masaje. No era más que una chispa muy pequeña, lo justo para permitirle abrir un ojo durante un segundo, pero Claude lo vio y empezó a sonreír.

Los tres basureros que estaban de pie en la calle no podían ver la transformación que se había producido; sólo la gran sonrisa que iluminaba ahora la cara de Claude les servía de buena señal.

—Bueno, ¿qué? —dijeron.

Claude les miró desde su asiento.

—Este pájaro es un loro africano gris. Los de esta especie hablan muy bien.

—Pues creo que ése no va a hablar nunca más —le contestó uno de los tres.

Claude metió a Madison dentro de su chaqueta con mimo.

—Yo creo que sí hablará.

Más tarde, Madison no recordaría nada de aquella mañana. No fue consciente de las atenciones que recibió en la acogedora cocina de Claude cuando éste terminó su turno, ni de cómo le bañó para quitarle los últimos restos de hollín, ni de las bolsas de agua caliente envueltas en mantas, que le rodearon, ni de la leche caliente con una gota de brandy, que le hicieron tomar. No hizo más que dormir.

Por fin, ya de noche, veinticuatro horas después de su ascenso por la chimenea, abrió los ojos para encontrarse con una cara que le miraba desde arriba. Era un rostro simpático, y de él salió una voz también agradable.

—Hola, espero que estés mejor.

Madison estuvo pensando durante unos instantes en cuál sería la mejor manera de contestar a esa cortés pregunta sin desvelar por completo sus talentos; se decidió por una simple y educada afirmación.

—Sí, gracias —contestó.

—¿Tienes hambre? —preguntó Claude.

—Sí, gracias —volvió a decir Madison.

—Pero no tengo comida de pájaros. ¿Te apetece una manzana?

—Sí, gracias.

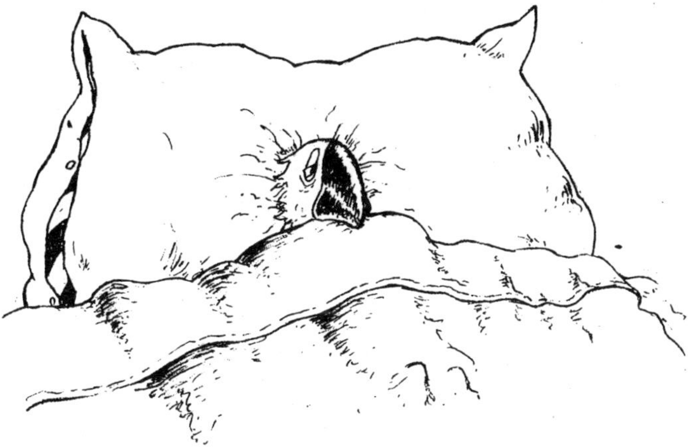

Contestando con esa frase a cualquiera de las cosas que se le ofrecía, Madison cenó copiosamente, hasta que no podía con más.

—¿Has comido bastante?

—Sí, gracias.

—¿Y qué te parece un huevo?, ¿quieres un huevo pasado por agua?

Madison decidió que había llegado el momento de ampliar su vocabulario.

—No, gracias —respondió.

Mientras los días pasaban y se convertían en semanas, Madison comprobó que "gracias", acompañado de un "sí" o un "no", era suficiente para contestar a casi todas las preguntas que el hombretón calvo le hacía. Si no le bastaba con eso, no decía nada. Era muy, muy difícil para un conversador nato como él no hablar, pero estaba resuelto a no desvelar su secreto porque quería conseguir tres objetivos. El primero era recuperar su salud; el segundo, marcharse volando de aquel nido, y el tercero, encontrar un teléfono, ya que Claude no tenía, para ponerse en contacto con Harry. Así pues, aunque le hubiese gustado mucho charlar con su simpático salvador, se resistió a la tentación.

Pero una vez casi se descubrió. Desde detrás de su periódico, Claude dijo de repente y en voz baja:

—¿Madison?

A su pesar, el loro abrió su pico para contestar, pero volvió a cerrarlo de nuevo rápidamente.

Claude levantó la vista.

—Pensé que a lo mejor te llamabas Madison —dijo.

—No gracias, —respondió Madison cruzando los dedos de sus patas.

—Es que aquí hay un anuncio: «Holdsworth. Perdido loro gris africano llamado Madison. Se recompensará generosamente». Y luego hay un número de apartado postal. Me alegro de que no seas tú. ¡Como me llamo Claude Clutterbuck, vaya que sí!

Pero cuando había transcurrido un mes, Madison decidió que era el momento de marcharse. Tomó esta determinación con grandes remordimientos. No era sólo el hecho de que este hombre le había curado y salvado la vida, también Madison le había tomado cariño. Pensó que el apellido Clutterbuck sonaba bastante parecido al picotear de un pájaro, y esa idea le gustó.

«Eres un tipo majísimo —pensó— y me gustaría poder pagarte tu bondad y todo lo que has hecho por mí. Una cosa está clara; recibirás tu recompensa. Pero tengo que volver a casa.»

Durante algún tiempo, mientras Claude conducía el camión de la basura, Madison estuvo entrenándose en secreto. Todavía no sabía dónde estaba ni qué distancia tendría que recorrer, así que decidió entrenar muy duro, y daba vueltas y vueltas a la cocina. Empezó con veinte, luego cincuenta y ahora ya daba cien. Sólo esperaba las condiciones meteorológicas adecuadas, y para ello escuchaba por la tarde las predicciones del tiempo en la radio de Claude hasta oír la situación que él quería. Y una tarde sucedió: «En la zona de Londres mañana será un día muy caluroso para esta época del año y no habrá viento ni lluvia».

Ahora, todo lo que le faltaba a Madison era que Claude se comportara como siempre al terminar su turno de trabajo.

La puerta trasera de la casa daba directamente a un pequeño jardín donde Claude tenía algunos animales que había adoptado: viejos conejos que los niños ya no querían, gallinas ancianas que habían olvidado hacía tiempo cómo poner huevos. También almacenaba allí carbón en un sótano.

Cada vez que llegaba a casa, llenaba dos viejos cubos de carbón para el fuego de la cocina, y una vez abierta la puerta, ésta quedaba así durante unos segundos, porque Claude, con ambas manos ocupadas, no podía cerrarla. Esos segundos serían suficientes para escapar.

«Me siento fatal pero tengo que hacerlo», se dijo Madison mientras esperaba en tensión la llegada de Claude.

Y así lo hizo. En el mismo instante en que los cubos se posaron en el suelo de la cocina y Claude se agachó, Madison se lanzó, pasó por encima de la cabeza calva y salió por la puerta. Se dio la vuelta y descendió para decir dos últimas palabras:

—¡Muchas gracias!

Y se marchó, volando cada vez más alto por encima de los sucios tejados.

—¡Madre mía! —exclamó Claude mirando cómo el pájaro se alejaba—, ¡me comeré el sombrero!

12

Durante las primeras semanas posteriores a la desaparición de Madison, el señor Holdsworth había hecho todo lo posible para encontrarlo. Los anuncios que puso en el periódico no dieron resultado, así que llamó a todas las pajarerías de Londres que figuraban en las páginas amarillas. Varias de ellas tenían loros grises africanos a la venta, algunos adquiridos recientemente, y el señor Holdsworth se fue a verlos. No se lo dijo a Harry para ahorrarle el desánimo de recibir una contestación tonta o de no obtener ninguna a su pregunta "¿Eres Madison?".

Un pájaro del zoo de Harrods respondió

a su pregunta de una manera bastante sensata, lo cual le proporcionó unos instantes de esperanza. Por lo visto, había sido criado en una casa de clase alta por alguien que debía hablar como si estuviera comiendo sopas.

—¿Madison? —preguntó el señor Holdsworth.

Y sin vacilar, el loro contestó:

—¡Ay, por favor!, lo siento muchísimo, muchísimo, muchísimo.

Y se dio la vuelta, haciendo que el padre de Harry se sintiera muy estúpido.

Pero después de tres semanas decidió tomar una medida valiente y bien intencionada: compraría otro loro. Tenía varios motivos para hacerlo: primero, pensaba que lo más seguro era que no volvieran a ver a Madison jamás; segundo, no soportaba ver ni la tristeza de Harry ni la jaula vacía, y tercero, pronto Harry cumpliría once años.

«Media barra es mejor que no tener pan», se dijo.

Así que cuando llegó el cumpleaños de Harry, el señor Holdsworth volvió al zoo de Harrods y compró el loro. No se lo dijo a su mujer, porque seguramente no habría aprobado la idea. Tampoco se lo dijo a Harry, porque quería darle una sorpresa.

El chico estaba más que perplejo durante el desayuno debido a que no había recibido de sus padres nada más que felicitaciones. No es que hubiera pensado mucho en su regalo de cumpleaños, porque estaba demasiado preocupado y triste por la ausencia de Madison, pero sí había considerado que su bicicleta estaba ya muy vieja y tenía la esperanza de recibir una nueva.

—Tendrás que aguardar hasta esta noche para ver tu regalo, Harry. Voy a ir a buscarlo después del trabajo.

—Ni siquiera me ha dicho lo que vamos a regalarte —le comentó su madre a la hora del té.

Miró a Harry y pensó cuánto había cambiado desde el año anterior. El Harry anterior a la llegada de Madison habría estado impaciente, enloquecido en esos momentos, haciendo el tonto y corriendo por la casa mientras imaginaba toda clase de fantásticos regalos. Pero ahora se mostraba mucho más sensato; trabajaba más en la escuela y se portaba mejor en casa. Ese cambio se debía sin duda a Madison.

Ahora se había marchado y había dejado tras él a otro Harry, silencioso y reservado. Su madre seguía observándole mientras él jugueteaba con su pastel de cumpleaños, hecho por ella según una receta del loro.

—¿No te gusta, hijo?

—Sí, gracias.

—Papá está al llegar.

—Sí, ya.

—Alegra un poco la cara, cielo, las cosas podrían ir peor.

Pues bien, al poco tiempo lo fueron.

Cuando el señor Holdsworth llegó a casa, asomó la cabeza por la puerta de la cocina y dijo:

—Quedaos ahí un momento, no vengáis al salón hasta que yo os llame.

Instantes después, les avisó, y Harry y su madre entraron. Encima de la mesa había una caja, y el padre de Harry levantó la tapa. Durante unos momentos no pasó nada, luego, a cámara lenta, salió de la caja una cabeza gris y redonda con un pico ganchudo. A cada lado de su cabeza había un ojo brillante, inteligente y del color de la paja. La señora Holdsworth se estremeció y exclamó:

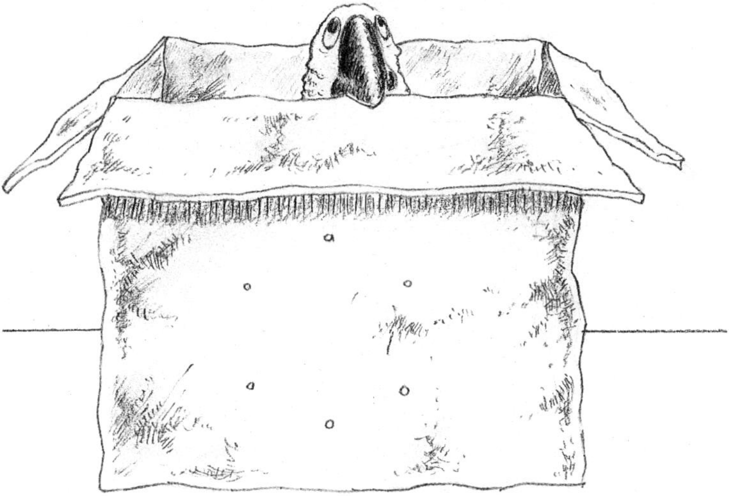

—¡Oh!, ¿no será...?

—No, no lo es —dijo Harry, lacónico.

—No, me temo que no lo es —reconoció su padre—. Pero pensé que te gustaría, Harry. Habla un poco, puedes enseñarle muchas palabras nuevas. Y bueno... media barra es mejor que no tener pan.

—Sí, papá, gracias —contestó Harry—, gracias a los dos, sois muy buenos.

Su madre comenzó a decir:

—Se parece mucho a Madison, ¿no crees?

—Sí, Harry, es verdad —le dijo su padre—. Bueno, quiero decir que todos los loros se parecen, ¿no es cierto?

—Sí, como todos los chinos —dijo Harry con ironía.

Y se produjo un largo e incómodo silencio.

«He hecho una tontería —pensó el señor Holdsworth—, pero ha sido con buena intención.»

«Seguro que lo hizo con buena intención, pero ¡vaya una idea genial!», pensó su esposa.

—Tendrás que ponerle un nombre, Harry —le dijo su padre.

—A lo mejor ya tiene uno —comentó la señora Holdsworth, y se inclinó hacia el loro—. ¿Tienes nombre, amiguito?

—¡Ay, por favor!, lo siento muchísimo, muchísimo, pero me temo que no.

Pasaron los días y Harry hizo todo lo que pudo para parecer contento con su regalo, que era la última cosa que habría elegido.

Se dio cuenta de que su padre, con las mejores intenciones, había gastado mucho dinero para intentar consolarle de la pérdida de Loco, y por eso procuraba disimular lo mal que le había sentado. Cuidaba a su nuevo pájaro con mucho esmero, pero no sentía nada por él; no era más que un loro en una jaula.

Harry apenas podía conversar con él, aunque ahora ya tenía nombre. Por su manera tonta de hablar, alguien había sugerido "Fweddy", y a falta de uno mejor, se quedó con ése. Los Holdsworth intentaban hablar con él, pero sin éxito. Es cierto que respondía a sus esfuerzos, pero sólo para decir "muchísimo, muchísimo", o de vez en cuando, para variar, "es ideal". También sabía un grupo limitado de expresiones sobre el tiempo, que de vez en cuando, y de pura suerte, dieron en el blanco. Aunque era capaz de decir también que "estaba lloviendo a cántaros" en un día soleado, o en otra ocasión, cuando el cielo estaba totalmente cubierto y la lluvia sonaba contra las ventanas, dijo alegremente:

—¡Qué tiempo más ideal para esta época del año! Hace un día divino, completamente tropical, ¿no?

También respondía al sonido del teléfono diciendo:

—Coge el aparato, amor, estoy demasiado cansado para contestar.

Una semana después de su cumpleaños, Harry estaba solo en casa. Una mañana su padre se había ido a trabajar y su madre había salido. Era la semana de vacaciones de otoño, así que podría haber estado haciendo montones de cosas, pero no tenía ganas de nada.

—¡Si estuviera aquí Loco! —suspiró—, podríamos jugar al monopoly, por ejemplo, ¡qué bien lo pasábamos!

En ese momento sonó el teléfono.

—Coge el aparato, amor, estoy demasiado cansado para contestar —dijo el lánguido Fweddy.

—¿Sí? —preguntó Harry con el tono apagado y aburrido que ahora era habitual en él.

—Tengo una llamada para Harry Holdsworth —dijo la operadora.

—Yo soy Harry.

—Es una llamada a cobro revertido. ¿La acepta?

13

Madison voló cada vez más alto en el sereno cielo de una agradable y soleada mañana de finales de octubre. Escudriñaba la zona de Londres que se extendía bajo sus alas en busca de monumentos que le sirvieran de guía.

Los Holdsworth vivían en Greenwich, cerca del Parque. Él lo sabía porque Harry le había contado todo sobre el Parque, el Observatorio, la Casa de la Reina y el recodo del Támesis donde se encontraba el "Cutty Sark". Madison esperaba ver ahora algo de todo eso.

Pero no, no se veía ni el río ni un parque, por más que miraba. Lo único que podía divisar eran filas y filas de casitas y, de vez en cuando, unos bloques de pisos; y el tráfico, siempre el tráfico, los innumerables coches que se movían como moscas atrapadas en la telaraña de calles estrechas.

El esfuerzo de subir empezaba a cansarle, por eso bajó al edificio más cercano y aterrizó sobre el tejado.

«Loco —se dijo—, tranquilo, tío, respira hondo y usa el cerebro. Vamos a ver lo bueno y lo malo de la situación. Haz un plan y síguelo. Lo positivo es que estás libre, tienes salud, te encuentras en Londres y Harry también está aquí. Lo negativo es que estás perdido. ¿Qué vas a hacer? Debes ponerte en contacto con Harry. ¿Y qué le dices? "Hola Harry, estoy en Londres, ven a buscarme." No hay problema, al fin y al cabo, la ciudad sólo tiene setecientos kilómetros cuadrados, más o menos.

»No, no, tienes que concertar una cita, un encuentro en algún sitio donde Harry y tú podáis quedar fácilmente. Vale, vamos a buscar un teléfono.

»Espérate, ¿vas a entrar en casa de algún tipo y a decirle "Hola, forastero, ¿puedo usar tu teléfono?" No, no, no, debe ser un teléfono público. ¿Ah, sí?, ¿y qué vas a hacer para abrir la puerta de la cabina?, ¿vas a usar tu pico o vas a romper los cristales como los vándalos? ¡Un momento, amigo, eso es! ¡Ésa es la respuesta! Vamos a buscar una cabina "vandalizada". Madison Holdsworth, tú no eres sólo una cara bonita, ¡vámonos!»

No tardó mucho en descubrir la primera cabina; el hecho de que fueran rojas las hacía más fácilmente localizables; pero cuando descendió, vio que estaba ocupada. Y de las dos siguientes que encontró, una estaba vacía, pero en buenas condiciones, así que no podía entrar; y la otra estaba demasiado destrozada: todas las ventanas, rotas, las guías estaban hechas añicos, el depósito de las monedas, aplastado, y faltaba el instrumento clave. En una pared aparecía escrito con letras mayúsculas el mensaje que informó a Madison de que "LOS ESPUELAS SON LOS MEJORES", pero él no entendió lo que significaba.

Por fin, después de varias tentativas sin éxito, cambió su suerte. Había cruzado la hierba verde de lo que él sabía por la televisión que era un campo de fútbol, y justo detrás del estadio encontró lo que buscaba. Debajo de una placa en la que ponía "Callejón de White Hart", había una cabina libre y en buenas condiciones, salvo uno de sus cristales más bajos, que estaba roto.

Madison gateó hasta el interior y subió al depósito de monedas; cogió el auricular y marcó el 100.

—¿Qué número quiere usted? —preguntó la operadora.

—Quiero hacer una llamada a cobro revertido —dijo Madison.

Dio el teléfono de los Holdsworth y el nombre de Harry.

—¿Y cómo se llama usted, señor?

—Madison Holdsworth.

—Un momento, por favor, estoy intentando conectar.

Entonces se oyeron varios ruidos extraños, la señal necesaria, y por fin, la voz de Harry.

—... ¿Acepta la llamada? —le preguntó la operadora.

—¡Sí, claro que sí!

—Ya puede hablar, señor.

—¿Harry?

—¡Loco, Loco!, ¿eres tú? ¿Dónde has estado? ¿Qué te ha pasado? ¿Estás bien?

—¡Sí, sí, estoy perfectamente, ya te lo contaré todo cuando nos veamos. ¡Qué alegría oír tu voz, Harry!

—¡Oh, Loco!, ¿dónde estás?

—En una cabina.

—Sí, pero ¿dónde? Dime dónde estás, iré a buscarte ahora mismo.

—Estoy en un sitio que se llama "Callejón de White Hart".

—¡Vaya!, eso está al norte de la ciudad, muy lejos de aquí.

—Entonces haré como las golondrinas. Me iré al sur para pasar el invierno. Lo único que tenemos que hacer es decidir dónde vamos a quedar.

—¡Vaya idea más genial! —dijo Harry.

—Tú no tienes el monopolio de cerebros, chico. Pero veamos, ¿dónde nos encontraremos?

«Monopolio —pensó Harry— es la parcela preferida de Loco; ¡ése será el sitio!», y dijo:

—Trafalgar Square, ahí quedaremos. Eschucha, Loco, está a unos doce o trece kilómetros del río, a vuelo de pájaro.

—De loro.

—Ya, atiende, vete hacia el sur hasta que divises el Támesis, entonces verás Trafalgar Square justo en la orilla norte, la tuya; no tiene pérdida, hay una columna, varias fuentes y cuatro leones, uno en cada esquina. Te buscaré allí. Dejaré una nota para mamá y cogeré el primer tren que pueda para Charing Cross. Tardaré una hora, más o menos; calculo que llegaremos casi a la vez.

En ese momento, Madison oyó una voz que cantaba muy alto y desentonando mucho. Fuera había un hombre que miraba hacia la cabina; tenía la nariz muy roja y una botella en la mano, y no iba muy derecho. Cuando llegó a la cabina, se apoyó contra ella y bebió un trago largo, luego miró hacia el interior.

—Harry, tengo que irme —dijo Madison con prisa—, hasta luego.

Colgó y salió a través del cristal roto.

—¡Un loro! —dijo el hombre con voz lenta y pastosa—. Un loro haaablandooo... por teléeefono... Teeengo que deejar deee beeber.

Y vació la botella sobre la acera.

14

—¡Harry! —le llamó la señora Holdsworth al volver a casa—, siento haber tardado tanto, me temo que estarás esperando la comida.

No hubo respuesta.

—¡Harry! —volvió a decir ella—, ¿dónde estás? ¿Estás arriba?

—Me temo que no —le contestó una voz—, lo siento muchísimo, muchísimo.

Sobre la mesa de la cocina había una nota.

«Mamá, Loco ha llamado por teléfono. Voy al centro de Londres a buscarlo. Estaré de vuelta para la hora del té. ¿Puedes hacer unos *brownies* americanos? Te quiero. Harry.»

«Ahora trata de no preocuparte —se dijo

la madre—. Después de todo, él ya tiene once años y es bastante sensato; además, ha viajado a menudo en el tren conmigo.

Y sacó el cazo para preparar los *brownies.*

—¡Oh, cielos! —dijo en voz baja—. Pido a Dios que todo vaya bien.

Harry realmente estaba bastante bien, sólo le faltaba el aliento. Había ido corriendo hasta la estación de Maze Hill, con la esperanza de que hubiera pronto un tren para Charing Cross. Había uno, y ahora ya se encontraba en él.

Unos tíos le habían dado algún dinero por su cumpleaños, así que tenía suficiente para el billete de ida y vuelta, y aún le sobraría. Llevaba puesto su anorak, por si el tiempo se presentaba frío, y sus botas de agua, por si llovía. También llevaba en la mano su maletín, para meter a Loco dentro en el caso de que los loros tuvieran que pagar billete.

Estaba tan emocionado, que el viaje se le hizo cortísimo. Cuando quiso darse cuenta, iba por el Strand, andando entre los grupos de peatones.

«Sólo quiero ver a un individuo —pensó Harry—, un pájaro gris, pequeño y paticorto.»

Entró en Trafalgar Square y la encontró llena de pájaros pequeños, grises y paticortos que se arrullaban, se pavoneaban, picoteaban, hacían reverencias y reñían, bebían de las fuentes, se posaban sobre los leones y cubrían los adoquines como una manta viva y de color pizarra.

Por un instante el corazón de Harry se paralizó.

—¿Cómo voy a encontrar a Loco entre toda esa multitud de palomas?

Se sentó en un banco mientras las palomas arrullaban y zureaban alrededor de sus pies, y miró con tristeza la columna que señalaba hacia el cielo de Londres, como si fuera un dedo gigantesco. Su vista quedó atrapada en el pilar de piedra, y fue subiendo y subiendo hasta el pedestal donde se alzaba la figura del pequeño almirante, con su sombrero de tres picos y su única mano descansando en la empuñadora del sable.

PERO... ¿qué era aquello que estaba posado sobre las hombreras de Horacio, vizconde de Nelson, duque de Bronte, caballero del Rey y vice-almirante del mar azul.

¡¡¡No era una estúpida paloma!!!

—¡LOCO! ¡LOCO! ¡LOCO!

Toda la gente que había en la plaza detuvo sus pasos y miró a aquel vociferante y saltarín muchachito que gritaba sin cesar la palabra que mejor le iba a él mismo. Y mientras le miraban, un pájaro solitario voló de una manera bastante torpe para posarse sobre el hombro del chico. Después, dio unos pasitos para picotear cariñosamente su oreja.

El muchacho dejó de gritar y se quedó quieto. Alzó la mano para acariciar con sus dedos aquella cabeza redonda y gris, mientras a su alrededor, las palomas se tranquilizaron de nuevo y el rumor de sus arrullos volvió a llenar la plaza.

Después todo fue sobre ruedas. No pudieron hablar mucho, porque había mucha gente tanto en la calle como en el andén de la estación, y en el tren que les llevaba desde Waterloo hasta Elefant and Castle y de allí hasta Greenwich, su casa. Pero no les importaba, estaban juntos de nuevo, y eso era lo más valioso, más tarde tendrían todo el tiempo del mundo para hablar.

En un momento en que nadie les miraba, Harry consiguió explicarle a Madison su idea del maletín, y el loro se metió dentro para no pagar billete. Pero el resto del viaje, Harry llevó a su Loco en triunfo sobre el hombro.

Subieron la colina desde la estación mientras el atardecer caía sobre el parque, y entraron por fin en la calle Unduly.

—¡Casi hemos llegado! —exclamó Harry al tiempo que señalaba con el dedo—. ¡Mira, Loco, el 137!, ¡estamos en casa!

Llegaron a la puerta, y la madre del chico abrió sonriendo. Abrazó a su hijo y acarició las plumas de Madison. A continuación les llevó a la cocina, donde les dio los deliciosos *brownies* mientras les hacía infinidad de preguntas. Y seguían hablando por los codos cuando llegó el señor Holdsworth, quien se quedó de piedra al ver al loro. Madison tuvo que volver a contarle sus aventuras.

Finalmente, el padre de Harry miró su reloj y dijo:

—Loco, es casi la hora del telediario de las seis.

Y todos sonrieron, porque uno de los trucos de Madison consistía en posarse sobre la televisión, levantar la cola y dar a la tecla con su pico.

—Por supuesto, señor Holdsworth —contestó Madison—. He perdido el hilo de lo que ha pasado. Ha podido suceder de todo mientras he estado fuera.

Y se bajó de la mesa para volar por el pasillo hasta el salón.

La sonrisa de Harry se trocó de repente en una expresión de horror. Durante todo aquel día no había pensado ni una sola vez en Fweddy, hasta ese momento, en el que una combinación de lo que Loco acababa de decir y el lugar a donde iba llenó a Harry de un súbito pánico.

—Debería habérselo contado a Loco, tenía que haberle explicado cómo sucedió todo, además de prometerle deshacerme de Fweddy. ¡Loco, espera un momento! —gritó mientras salía corriendo de la cocina.

—¿Qué pasa, Harry? —preguntó Madison, mirándole desde la puerta del salón.

Harry trató de pensar con desesperación en alguna manera de suavizar el golpe.

—Escucha, Loco, debería habértelo dicho antes, pero no me he acordado, ¡de verdad! Estaba tan emocionado por verte y escuchar tus noticias, que se me fue de la cabeza por completo. Fue un regalo de papá, pero no lo he querido nunca; ¡lo siento muchísimo!

—¡Ay, por favor, lo siento muchísimo, muchísimo —dijo una voz desde el salón.

En el silencio que siguió se podría haber oído caer la pluma de un loro.

Madison dio la vuelta y entró. Miró hacia la jaula, Fweddy le miró a él, y Harry observó a los dos sin saber qué hacer. Madison dio un largo silbido, Fweddy le contestó con un pequeño grito, y Harry no sabía qué decir.

—¡Venga, Harry, preséntanos! —dijo por fin Madison en un tono amable.

—Se llama Fweddy. Fweddy, te presento a Madison.

—¡Qué calor hace!, ¿no? —dijo Fweddy.

—No, no habla bien —intervino Harry con rapidez—. De verdad, Loco, es un pájaro idiota. ¡Lo venderemos mañana mismo! Lo llevaremos a una pajarería; seguro que a papá no le importa.

Justo en ese momento, sus padres entraron en el salón.

—¿Qué es lo que no me importará? —preguntó el señor Holdsworth—. Oye, Loco, no has puesto la tele.

—¡Ay!, lo siento muchísimo, muchísimo —dijo Madison con la voz de Fweddy—. ¡Soy un pájaro tan tonto!

Y para asombro de todos los Holdsworth, ambos pájaros empezaron a reírse a carcajadas.

15

Todo esto sucedió un jueves. Por algún motivo que ellos no entendían, Madison quería saber qué jueves de noviembre era. Pareció satisfecho cuando le dijeron que era el primero.

El viernes, cuando llegó a su oficina, el señor Holdsworth llamó a la policía para preguntar si se sabía algo más del ladrón que había intentado robar en su casa. Y le dijeron que un tipo llamado Silver Ware había sido detenido con una gran cantidad de objetos robados de gran valor.

—Es muy posible que sea el mismo hombre, señor —le dijo el agente—. Hace poco hemos recibido información que nos ha llevado a detener a un par de delincuentes más. Y lo más extraño es que se trata de la misma información que recibimos hace algún tiempo, aunque en aquel momento la desestimamos pensando que procedía de un bromista americano.

—¿Un bromista?

—Sí, dijo que le habían secuestrado, que iba a escaparse por la chimenea y, para colmo, que medía ventidós centímetros.

—Debía ser un loco —dijo el señor Holdsworth en tono sentencioso.

También llamó después a las autoridades locales para obtener la dirección de uno de sus basureros, el señor Claude Clutterbuck, y le envió de forma anónima las cuarenta libras de la recompensa.

—¡Muy generoso! —dijo Madison con la voz de Claude—, se comerá su otro sombrero.

El sábado jugaron una partida de monopoly. El acorazado de Madison fue, como siempre, invencible. Compró tres buenos grupos de propiedades, entre ellos el rojo, por supuesto, y llevó a todos los demás jugadores a la bancarrota.

El domingo, Madison y el señor Holdsworth hicieron el crucigrama, y el lunes, cuando Harry tuvo que volver al colegio, lo hizo con el corazón alegre y esperando impaciente la hora de hacer los deberes. Y en cuanto a la

madre de Harry, estaba decidida a preparar una cena muy especial, un auténtico festín para celebrar el regreso de Madison; pero él dijo que prefería esperar un poco.

—¿Cuándo quieres que la hagamos? —le preguntó la señora Holdsworth.

—Pues, si no le importa mucho, señora, ¿qué le parece el cuarto jueves de noviembre?

La madre de Harry no entendía por qué quería esa fecha, pero asintió.

«A lo mejor es su cumpleaños», pensó.

En todo ese tiempo todavía no se había decidido nada sobre Fweddy. El señor Holdsworth se lo había preguntado a Harry y Harry se lo consultó a Madison, quien, para sorpresa de todos, parecía muy contento con las cosas tal como estaban.

—No puedes echar a Fweddy —dijo—. El pájaro está contento aquí, y además, me hace compañía por las noches.

Y lo cierto es que de noche compartían la jaula como buenos amigos. Harry se despedía de ellos cuando se iba a la cama y Madison contestaba de una manera lógica. Fweddy, por su parte, se disculpaba como siempre o decía alguna tontería sobre el tiempo.

Pero después de unos cuantos días, sorprendió a Harry una tarde al decir:

—¡Buenas noches! —añadió—: Felices, felices sueños.

A la mañana siguiente, el chico le dijo a Madison:

—Le estás enseñando algunas cosas a ese pájaro, ¿verdad Madison?

El loro tardó unos instantes en contestar, tenía una cucharada de avena a medio camino de su pico. Mientras ponía cara de relamerse, respondió:

—Un día de éstos te va a sorprender muchísimo.

—Pero ¿cómo os comunicáis? —preguntó el señor Holdsworth—, quiero decir que él no habla inglés como tú. Sólo ha aprendido unas cuantas frases sueltas.

—Es muy sencillo, si se piensa un poco: yo soy bilingüe.

—¿Qué quieres decir? —preguntó Harry.

—Pues que hablo dos idiomas.

—¿Y cuál es el otro?

—El de los loros.

—Así que piensas que Fweddy nos va a asombrar, ¿eh, Loco? —dijo la señora Holdsworth.

—Sí, señora, con el tiempo...

—¿Cuánto tiempo? —quiso saber Harry.

—Pues un par de semanas, supongo.

Dos semanas más tarde la señora Holdsworth miró el calendario de la cocina. Era martes, 26 de noviembre, y el 28 estaba bordeado por un círculo para recordarle que era el cuarto jueves de mes.

—¡Loco!, ¿puedes venir un momento? —dijo desde la cocina.

—¡Claro! —contestó Madison desde la jaula.

La puerta estaba siempre abierta, pero Fweddy casi nunca salía. Y la familia había notado que a Madison le gustaba pasar allí largos ratos con él. Hablaban en voz baja y en su lengua.

—A propósito de esa fiesta, Loco —dijo la madre de Harry cuando el loro entró en la cocina—, la querías para el cuarto jueves, y es pasado mañana. Tendremos que pensar en ello.

—¡Es verdad, señora! —exclamó Madison—, entre unas cosas y otras se me había olvidado por completo. Menos mal que se ha acordado usted.

—¿Es tu cumpleaños?

—No, no, es el Día de Acción de Gracias.

—¡Ah, sí!, es una fiesta nacional americana, ¿verdad?

—¡Exacto! En ella se conmemora el festín que los padres peregrinos hicieron con los indios en la colonia de Plymouth para dar gracias por su primera cosecha en América. Me pareció que sería bonito celebrar mi vuelta a casa este día.

—Sí que lo es, y así lo haremos.

Empezaron a planear la comida, que como plato fuerte tendría pavo asado con salsa de arándanos amargos.

Cuando llegó el jueves, y la cena de Acción de Gracias casi estaba lista, Madison entró en la cocina y preguntó:

—¿Vamos a cenar aquí?

—Siempre cenamos en la cocina, Madison, tú ya lo sabes —dijo la señora Holdsworth.

—Claro, claro, es que... bueno... estaba pensando que a lo mejor Fweddy también quiere venir. Me parece un poco duro dejarle ahí en la jaula mientras nosotros nos divertimos.

—Por supuesto, Loco, le pondré también su bandeja.

Madison volvió al salón, donde Harry y su padre estaban jugando a algo.

—¿Qué tal va la cena? ¿Está ya casi lista? —preguntó el señor Holdsworth.

—Sí, señor, y su esposa ha dicho que Fweddy también puede venir.

—¿Has oído, Fweddy? —dijo Harry—, vas a cenar con nosotros.

—Me temo que no tengo mucho, mucho apetito —respondió Fweddy.

—Loco, tengo que decir que has hecho maravillas con este pájaro —dijo el señor Holdsworth.

Madison se rascó la cara y contestó:

—Pues aún les queda mucho por ver.

En aquel momento se oyó la voz de la señora Holdsworth

—¡La cena está servida!

—¡Venga, Fweddy! —le animó Harry—, hay muchísimas cosas para cenar.

—Llévame en brazos, por favor —pidió Fweddy—, me siento muy, muy delicado.

Cuando estaban ya todos a la mesa, incluido Fweddy, que se encontraba en una segunda bandeja al lado de la de Madison, el señor Holdsworth sirvió un vaso de vino para su mujer y otro para él, y dio a Harry un refresco.

—Bueno —dijo a su familia—, os pido que levantéis los vasos y brindemos. Empecemos este espléndido festín agradeciendo el regreso a casa del Loco de Harry.

—¡Por el Loco de Harry! —gritaron todos.

Y comenzaron a cenar. Pero Fweddy parecía no tener mucho apetito.

—Fweddy —dijo la madre de Harry—, no estás comiendo nada.

—Lo siento muchísimo, muchísimo.

Para Loco y Harry, a quienes les encantaban los dulces, lo mejor de la cena fue el puding, el favorito del tío abuelo George, para el cual Madison había proporcionado la receta. Era un puding exquisito, lleno de higos, pasas y azúcar moreno.

Cuando todos habían terminado de cenar y la señora Holdswoth estaba a punto de pedir ayuda para fregar los platos, de repente Fweddy, que no había hablado apenas durante la cena y no tenía pinta de estar muy cómodo, gruñó un poquito y se puso de pie.

Y ahí, ante el asombro de toda la familia apareció un pequeño, blanco y reluciente huevo. Los Holdsworth miraron a Fweddy, miraron al huevo y miraron a Madison.

—Llamadme Fwederica —dijo Fweddy.

—Llamadme papá —dijo el Loco de Harry.

El Roble Centenario

SERIE VERDE

2. **El puente de Tilla.** Willi Fährmann. (2.ª ed.)
5. **El cuento de las Montañas Azules.** Piedad Corbella. (9.ª ed.)
8. **Una hermana como Danny.** Rolf Krenzer (4.ª ed.)
9. **El loco de Harry.** Dick King-Smith (8.ª ed.)
14. **Tres niños y una estrella.** Luise Rinser
21. **Una fotografía mal hecha.** Mercedes Neuschäfer (3.ª ed.)
29. **¡Qué amiga, mamá!** Beatrice Gormley
30. **La isla de Jacobo.** Juan Farias
36. **Disparates y aventuras en el pico Huracán.** Margaret Mahy
40. **¿Dónde se ha escondido el mar?** Joe B. Stuart y Alexander Stuart
44. **El yate blanco.** Mercedes Neuschäfer
45. **¡No encojas más, Tomás!** Janet y Allan Ahlberg (2.ª ed.)
48. **Toda la verdad sobre el príncipe rana.** Kaye Umansky
55. **Un pirata nunca llora.** Lola Herrero (4.ª ed.)
56. **Ven al África pequeña.** Gonzalo Romero